من قطر قديمًا... ذكريات عطرة

من قطر قديمًا... ذكريات عطرة

محمد همام فكري

دار جامعة حمد بن خليفة للنشر
HAMAD BIN KHALIFA UNIVERSITY PRESS

دار جامعة حمد بن خليفة للنشر
صندوق بريد 5825
الدوحة، دولة قطر

www.hbkupress.com

طبعة دار جامعة حمد بن خليفة للنشر، الأولى عام 2020

الترقيم الدولي: 9789927141430

تمت الطباعة في الدوحة-قطر.

مكتبة قطر الوطنية بيانات الفهرسة – أثناء – النشر (فان)

فكري، محمد همام، مؤلف.

الحج من قطر قديماً... ذكريات عطره / محمد همام فكري. طبعة دار جامعة حمد بن خليفة للنشر، الأولى. - الدوحة، قطر : دار جامعة حمد بن خليفة للنشر، 2020.

129 صفحة : إيضاحيات، خرائط، صور طبق الأصل ؛ سم

تدمك: 978-992-714-143-0
يتضمن مراجع ببليوجرافية (صفحات 127-128)

1. الحج والحجاج -- السعودية -- مكة المكرمة. 2. الحج والحجاج -- قطر -- تاريخ. 3. الحجاز (السعودية) -- وصف ورحلات.
أ. العنوان.

BP187.3. F55 2020

297.352– dc23

2020

﴿ وَأَذِّن فِي ٱلنَّاسِ بِٱلۡحَجِّ يَأۡتُوكَ رِجَالٗا وَعَلَىٰ كُلِّ ضَامِرٖ يَأۡتِينَ مِن كُلِّ فَجٍّ عَمِيقٖ ٢٧
لِّيَشۡهَدُواْ مَنَٰفِعَ لَهُمۡ وَيَذۡكُرُواْ ٱسۡمَ ٱللَّهِ فِيٓ أَيَّامٖ مَّعۡلُومَٰتٍ عَلَىٰ مَا رَزَقَهُم مِّنۢ بَهِيمَةِ
ٱلۡأَنۡعَٰمِۖ فَكُلُواْ مِنۡهَا وَأَطۡعِمُواْ ٱلۡبَآئِسَ ٱلۡفَقِيرَ ٢٨ ﴾ (سورة الحج)

الحرم المكي الشريف

قلبي...

يا روعة هذا الحسن...

يا وهج النور المنسكب على وجهي...

يملأ صدري أريجُ الضوء...

تتوحد نبضات قلوب الناس الوجلة...

نتحلق حول البيت...

أتمتم معهم يا الله ... يا الله...

يا غافر ذنب العبد...

محمد همام فكري

المحتويات

مقدمة:

يستعيد هذا الكتاب ذكريات أهل قطر عن «رحلة الحج قديمًا» من قطر إلى الأماكن المقدسة، فقد كانت رحلة الحج[1] من أهم المناسبات التي يعيشها أهل قطر سنويًّا، وتشكل في حياتهم مناسبة للابتهاج، ولها في نفوسهم مكانة دينية سامية، ولطالما حظيت هذه الفريضة باهتمام واستعداد خاص تختلف تفاصيله منذ قديم الزمان مرورًا بالعصور المتعاقبة وصولًا لوقتنا الراهن.

ففي قديم الزمان كانت هذه الرحلة المباركة تحمل مشاعر من الخوف والتوجس، تتحول في بعض الأحيان إلى لحظة فراق مريرة، عندما يتشبث فيها المودع بالحاج، والحاج بالمودع، وكلاهما يتمتم بآيات الرجاء والدعاء. عندما يجتمعون، آباء وأبناء، إخوة وأخوات، أقارب وجيرانًا، أمهات وبنات، كبارًا وصغارًا، يودعونهم وهم غير واثقين من عودتهم لأن هذه الرحلة كانت محفوفة بالمخاطر على الدوام، يواجهون مخاطر الجوع والعطش في سفرهم ويتعرضون أيضًا لقطاع الطرق الذين يسلبونهم متاعهم وأموالهم، فضلًا عن تعرضهم لبعض مخاطر الكوارث الطبيعية، ومن ذلك العواصف والبرد القارس والأمطار الغزيرة والسيول الجارفة.

هذه اللحظات التي يشارك فيها الأهل والجيران تبقى في الذاكرة لعشرات السنين يتناقلونها.

في الصفحات التالية روايات لعدد من أبناء قطر، ينتمون لأجيال مختلفة، ويمتلك كل منهم جانبًا من تلك الذكريات[2]، بعضها يتعلق بالاستعدادات التي كانت تسبق رحلة الحج، وبعضها يتعلق بذكريات الطريق ومتاعبه والصعاب التي كانوا يواجهونها في أثناء الطريق ذهابًا وإيابًا، إلى أن يعودوا سالمين إلى أوطانهم وأهليهم، وكأنهم ولدوا من جديد،

---

(١) الحج في اللغة يعني القصد انظر لسان العرب: الحَجُّ القصدُ. حَجَّ إلينا فلانٌ أي قَدِمَ؛ وحَجَّه يَحُجُّه حَجًّا: قصده. انظر ابن منظور: لسان العرب، تحقيق عبد الله على الكبير (وآخرون)، (القاهرة: دار المعارف، د. ت.)، المجلد الثاني، ص ٧٧٨.

(٢) اعتمدنا في إعداد هذه المادة على الروايات الشفهية التي يتناقلها كبار السن عن أسلافهم وذكرياتهم عن الحج.

ليعيشوا لحظات الفرح بلقاء الأهل والأحباب بعد أن أنعم الله عليهم بتأدية هذه الفريضة العظيمة.

لا يسعني هنا إلا أن أتقدم بالشكر إلى كل من زودني بمعلومة تتعلق بذكرياته عن رحلة الحج أو من سمع عن غيره، وأخص سعادة الشيخ خالد بن محمد بن غانم بن علي آل ثاني الذي خصني بمعلومات مفيدة كان قد ضمنها كتابه « أدلة المعاني في مسيرة الشيخ عبد الله آل ثاني » تحت الطبع.

للأجيال الجديدة التي عرفت الحج السريع عبر وسائلَ مريحةٍ وأماكن إقامة أكثرَ راحةً، أُقدمُ لهم ما تيسر لي جَمعهُ من ذكريات الحج من قطر قديماً بكل ما تحمله من ذكريات عطرة ، وتظل الذاكرة الجمعية تحمل المزيد من الذكريات التي ربما لم يتيسر لنا الإلمام بجلها.

تمهيد:

عرفت قطر الحج فريضة وركنًا من أركان العقيدة منذ دخولها في الإسلام وبايعت الرسول محمداً ﷺ على طاعة الله، وإعلاء كلمة التوحيد، وكانت قطر كغيرها من مناطق شرقي الجزيرة العربية في ذلك الوقت تحت سيطرة المنذر بن ساوىَ، الذي لبى نداء الرسول عندما أرسل إليه العلاء بن الحضرمي يدعوه للدخول في الإسلام، فأعلن إسلامه وأسلم معه جميع العرب وبعض العجم ومشت قطر في طليعة من مشى لنصرة الدين الحنيف ومنها قام أول أسطول بحري نقل الجيش العربي الإسلامي للجهاد في سبيل الله بقيادة العلاء بن الحضرمي، وفي الحملة التي جهزها العلاء بن الحضرمي للهجوم على فارس أبلت قطر بلاءً حسنًا.

واشتهرت قطر في ذلك الوقت بأنها تنسج بها البرود القطرية، وهي حُمْر لها أعلام فيها بعض الخشونة كما وصفها بعضهم بالجودة، والظاهر أن شهرة أثواب قطر استمرت إلى ما بعد ظهور الإسلام فالرسول ﷺ لبس الثوب القطري، وكذلك زوجته أم المؤمنين السيدة عائشة رضي الله عنها كانت تلبس درعًا من منسوجات قطر.

وبقيت قطر تابعة للخلفاء الراشدين ثم انتقلت من بعدهم إلى بني أمية سنة (٤٥هـ/ ٦٦٥م) وظلت خاضعة لعمال أمويين إلى زمن عبد الملك بن مروان، وفي العهد العباسي كانت قطر وعمان والبحرين من الولايات التابعة للبصرة وإقليم دجلة، وفي سنة ٢٦٦هـ / ٨٧٩م عبر القرامطة إلى المنطقة وصارت البحرين وقطر واليمامة في يد أبي طاهر القرمطي، وفي سنة ٢٩٠هـ/ ٩٠٣م، استولوا على قطر في طريقهم إلى عمان؛ ولانحراف عقيدة القرامطة ثار الناس عليهم، وعمَّ العصيان في كلٍّ من قطر والأحساء والبحرين والقطيف حتى ساد الاضطراب وعدم الاستقرار في جميع الربوع إلى أن زالت دولتهم.

وجاء بعدهم العيونيون والعصفوريون والجبور وبنو خالد، والعتوب في فترة آل مسلم، ثم مجيء الإمام فيصل بن تركي آل سعود عام ١٨٥١م، ودخول محمد بن ثاني وأهل قطر في صلح معه(١).

---

(١) انظر الشيباني، محمد شريف: إمارة قطر العربية بين الأمس واليوم، دار الثقافة - بيروت - ١٩٦٢ ص ٦٥.

لقد كانت قطر مأهولة بالقبائل من أهل الساحل وأهل البر، ومنذ منتصف القرن الثامن عشر، كانت هناك في شمالي قطر عدة مدن مذكورة في خرائط القرن الثامن عشر ومنها الحويلة واليوسفية وفريحة والبدع وخور حسان ومطيبيخ والرويس والزبارة[١]، وكانت القبائل تمارس حياتها وفق أعرافها وتقاليدها تحت زعامات متوارثة مستقلة عن بعضها، يمارس قسم من سكانها الرعي وقسم آخر الغوص والبحث عن اللؤلؤ.

كان هؤلاء السكان يعبرون عن ولائهم ودخولهم في الدعوة السلفية التي نادت بالتوحيد ونبذ الشرك الذي كثر آنذاك في ربوعِ الجزيرة العربية، مثل التعبد بالقبور والتقرب بالأصنام والأشخاص والبناء على القبور والتعامل بالسحر وغيرِها من مظاهر البدع التي تنافي عقيدة التوحيد، ولاقت تلك الدعوة كل القبول من أهل قطر، لاسيما وأن أصول جلهم من نجد، ويلتقون بنسبهم مع محمد بن عبد الوهاب[٢] فَانْتَشَرَتِ الدَّعْوَةُ بينهم وناصروها، وتحولوا من المذهب المالكي إلى المذهب الحنبلي منذ ذلك التاريخ، كما كان الشيخ جاسم بن محمد بن ثاني من أكبر المؤيدين للدعوة، وأوصى بالتمسك بمبادئها من بعده.

وطيلةَ تلك القرونِ كانت قوافلُ الحجِّ تنطلق سنويًّا على ظهور الإبل من قطر إلى الأراضي الحجازية في رحلة شاقة لا تخلو من المخاطر، ولكنها تركت لنا تراثًا من الذكريات العطرة.

كما عرفَ أهل قطر الحج بالبحر عبر مياه الخليج والمحيط الهندي ثم البحر الأحمر، في رحلة طويلة وخطرة أيضًا، أو من الدوحة إلى الخبر ومنها بالإبل أو السيارات إلى الأراضي الحجازية، وفي ثلاثينيات القرن العشرين دخلت السيارات لتحلَّ محل تلك الرحلات، وعلى الرغم من أن السفر بالسيارات أصبح ميسورًا إلا أن وعورة الطرق كانت تسبب في سرعة تلفها، إلى أن أصبح الحج بالطائرة هو الوسيلة المفضلة لكافة الناس.

لقد حظيت هذه الفريضة باهتمام واستعداد خاص تطور على مر السنين، فالحج قديما

---

(١) حسن جمال التريكي: لمع الشهاب في سيرة محمد بن عبد الوهاب، تحقيق وتعليق الشيخ عبد الرحمن بن عبد اللطيف الشيخ، مطبوعات دار الملك عبد العزيز، ط٢ الرياض، ١٩٧٤، ٤٦٥-٤٦٦.

(٢) هُوَ شَيْخُ الإسْلامِ مُحَمَّدُ بنُ عَبْدِالوَهَّابِ بن سُلَيْمَانَ بنِ عَلِيِّ بنِ مُحَمَّدِ بن أَحْمَدَ بنِ رَاشِدٍ الوُهَيْبِيُّ، التَّمِيْمِيُّ.

لا يمكن بأي حال من الأحوال مقارنته بالحج الآن بعد الثورة الهائلة التي طالت الأمن والخدمات ووسائل التنقل والطرق والترحال بحيث اختصرت رحلة الحج في الوقت والجهد الشيء الكبير، فبعد أن كان يستغرق عدة أشهر، أصبح يتم الآن في أيام معدودة.

الحج في مذكراتهم

الحج في مذكراتهم:

على الرغم من أنَّ أهل قطر، لم يسجلوا مشاهداتهم وذكرياتهم عن الحج، على طريقة أدب الرحلات الدينية، إلا أن عددًا من أسرة آل ثاني، وبعض الوجهاء، حرص على تسجيل سنوات حجهم في مذكراتهم الخاصة، وبشكل موجز للغاية، ولكنها أمدتنا بمعلومات تتعلق بسني حجهم ومدتها، ومن حج معهم.

مذكرات الشيخ جاسم بن محمد بن ثاني:

ورد في مذكرات الشيخ جاسم بن محمد بن ثاني[1] التي سجلها بخط يده:

«وحجتي الأُولى ١٢٦٩هـ/ ١٨٥٢م».

أي بعد «مسيمير» عندما غزا الإمام فيصل بن تركي قطر بجيوشه عام ١٢٦٧هـ/ (١٨٥٠م-١٨٥١م).

ويقول في موضع آخر من مذكراته:

«وحجتنا الثانية سنة ١٢٨١هـ/ ١٨٦٤م».

أي أنه حج لأول مرة وعمره ٢٦ عامًا، وحجته الثانية كانت وعمره ٣٧ عامًا.

مذكرات الشيخ محمد بن جاسم بن محمد بن ثاني:

في مذكرات الشيخ محمد بن جاسم[2]، يذكر تاريخ حج أخيه الشيخ عبد الله بن جاسم ويكتب بخط يده وبمنطوقه:

---

(١) وصية الشيخ جاسم بن محمد (غير منشورة).

(٢) اطلعنا عليها عند سعادة الشيخ خالد بن محمد بن غانم آل ثاني.

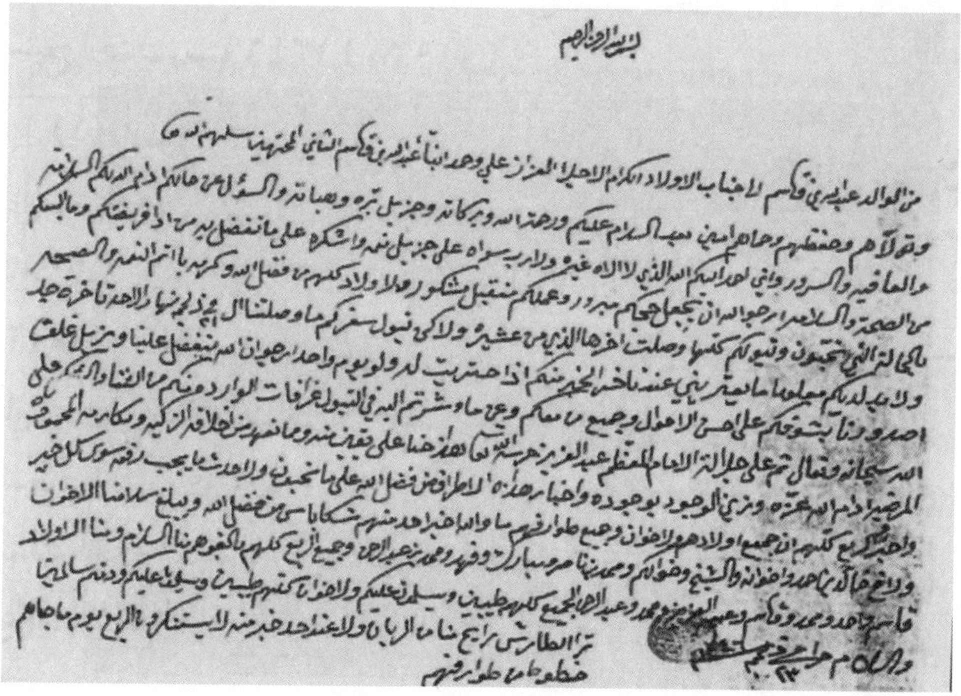

رسالة من الشيخ عبد الله إلى ابنيه الشيخ علي والشيخ حمد وهما يؤديان الفريضة في مكة المكرمة

«حج لخو (الأخ) عبد الله بن لوالد (الوالد) جاسم سنة (١٣١٤هـ/ ١٨٩٧م)».

وفي موضع آخر يذكر تاريخ حجه هو (محمد بن جاسم بن محمد آل ثاني)، وكانت المرة الأولى له، عام ١٩٢٨م وكانت على الإبل:

«حجينا بيت الله الحرام في ١٥ شوال (٦ أبريل ١٩٢٨م)، ركبنا مع أهلينا وجينا (وعدنا) في ٢٢ محرم ١٣٤٧هـ (١٠ يوليو ١٩٢٨م)».

وفي هذا العام أيضًا حج ابنا الشيخ عبد الله بن جاسم وهما الشيخ علي والشيخ حمد، ولقد أرسل إليهما الشيخ عبد الله رسالة أثناء رحلتهما للاطمئنان عليهما وكانت مفعمة بعبارات الحمد والرجاء جاء فيها:

من الوالد عبد الله بن قاسم إلى جناب الأولاد الكرام الأجلاء العزاز علي وحمد ابنا عبد الله بن قاسم الثاني المحترمين سلمهم الله تعالى، وتولاهم وحفظهم وحماهم آمين، بعد السلام عليكم ورحمة الله وبركاته، وجزيل بره وهباته، والسؤال عن حالكم أدام الله لكم السلامة والعافية

والسرور وإني أحمد الله إليكم الذي لا إله غيره ولا رب سواه على جزيل منه وأشكره على ما تفضل به من أداء فريضتكم وما ألبسكم من الصحة والسلامة.

الشيخ محمد بن جاسم بن محمد آل ثاني

أرجو الله أن يجعل حجكم مبرور وعملكم متقبل مشكور، والأولاد كلهم من فضل الله وكرمه بأتم النعمة والصحة، بالحالة التي تحبون، وتيولكم (تليغرافاتكم) كلها وصلت، آخرها الذي من عشية ولكن تيول (تليغرافات) سفركم ما وصلتنا إلا في ٢١ ذي الحجة منها، والأحق تأخرت جدا، ولابد لديكم معلومًا ما يعتريني عند تأخر الخبر منكم إذ حتريت (تحريت) له ولو يوم واحد.

أرجو أن الله يتفضل علينا ويزيل غلف صدورنا بشوفكم على أحسن الأحوال وجميع من معكم وعن ما أشرتم إليه في التيول غرافات (تليغرافات) الوارد منكم من الثناء والشكر على الله سبحانه وتعالى ثم على جلالة الإمام المعظم عبد العزيز حرسه الله تعالى.

هذا حنا على يقين منه وما نعهده من أخلاقه الذكية ومكارمه المحمودة المرضية، أدام الله عزه وزين الوجود بوجوده، وأخبار هذه الأطراف من فضل الله على ما تحبون ولا حدث ما يجب رقمه سوى كل خير، وأخبر الربع كلهم أن جميع أولادهم والإخوان وجميع طوارفهم، ما والله أخبر أحد منهم شكا بأس من فضل الله ويبلغ سلامنا الإخوان والأخ خالد بن حمد وإخوانه والشيخ وخوالكم وحمد بن ناصر مبارك وفهد ومحمد بن عبد الرحمن وجميع الربع كلهم. بلغوهم منا السلام ومن الأولاد قاسم وأحمد ومحمد وقاسم وعبد العزيز ومحمد وعبد الرحمن الجميع كلهم طيبين ويسلمون عليكم ودمتم سالمين والسلام.

الشيخ جاسم بن محمد بن جاسم آل ثاني

حرر في ٢٣ ذي الحجة ١٢٤٦هـ

ترا الطارش رايح منا من الريان ولا عند أحد خبر منه لا يستنكروا والربع يوم ما جاهم خطوط طوارفهم.

مستغرقًا ٩٥ أو ٩٦ يومًا، ويسجل في مذكراته أيضًا تاريخ حج أخيه الشيخ علي بن جاسم:

«حج لخو (الأخ) علي بن الوالد جاسم في ٥ شوال (١٣٦١هـ/ الجمعة ١٦ أكتوبر ١٩٤٢م)، وجاو (وجاءوا) في ١٤ محرم ١٣٦٢هـ» السبت ٢١ يناير ١٩٤٣ م، واستغرقت رحلة الحج حوالي ٩٧ يومًا.

كما يذكر تاريخ حج ابنه جاسم عقب زواجه بشهر تقريبًا:

«حج الولد جاسم مع والدته وتزويجه، تزوج في ١٨ شعبان (١٣٥١هـ/ ١٦ ديسمبر ١٩٣٢م) وحج في ٢٢ رمضان (١٣٥١هـ/ ١٨ يناير ١٩٣٣م) مكة والمدينة».

وفي مذكرات الشيخ ناصر بن جاسم يذكر:

«حجنا المبارك نسأل الله أن يتقبل منا مع سيدتنا الوالدة رحمها الله ١٣٤٩هـ/ ١٩٣٠م وأسكنها فسيح الجنان، وحج عبد الرحمن رحمه الله وغفر له ١٣٤٧هـ/ ١٩٢٨م ...».

وفي مقابلة مع الشيخ محمد بن حمد بن عبد الله آل ثاني:

قام الشيخ عبد الله بن جاسم وعدد من إخوته وحاشيته وبعض أعيان قطر بالحج عن طريق البر في عام ١٩٣٣م، ونشرت صوت الحجاز هذا النبأ في عددها رقم ٤٩ بتاريخ ١٣ مارس ١٩٣٣.

الشيخ محمد بن حمد بن عبد الله آل ثاني ومعه المؤلف

وكان بمعيته حفيده الشيخ محمد بن حمد بن عبد الله آل ثاني وفي مقابلة[1] معه تذكر الشيخ محمد هذه الرحلة قائلًا:

«هذه كانت أول مرة لي أحج، كنت أنا وأخي عبد العزيز صغيرين مع الوالد، ومن عيال الشيخ علي كان معنا الشيخ أحمد والشيخ محمد، ومعنا ناس كثيرون أذكر منهم ناصر العطية وكان معنا بدو كثير، فقد كانت العادة أن نقوم برحلة الحج مع جمع من الناس، وكان سفرنا على الجمال إلى الحسا وهناك أرسل لنا الملك عبد العزيز حوالي خمس عشرة سيارة أخذتنا من الحسا، وظلت معنا رحنا بها إلى مكة وحجينا وعدنا إلى الحسا».

«لقد كان استقبال الملك عبد العزيز الشيخ عبد الله حافلاً، فقد جاءت بدعوة منه للشيخ عبد الله، وربما كان خلفها أسباب سياسية تتعلق بالتنقيب عن البترول والتوافق على مناطق التنقيب، وظلت ذكريات الحج تلك عالقة في ذهني، على الرغم من أن عمري في ذلك الوقت لم يتجاوز السنوات السبع».

كما حج الشيخ عبدالله سنة ١٣٥٤هـ يوافقه ١٩٣٦م ، وورد ذلك في تقديم لشعر قاله الشاعر عبد الله بن صالح الخليفي مهنئًا الشيخ عبد الله في حجه ذلك العام ، يقول فيها[2]:

على السعد والتوفيق يا خير قادم	ويـا من نـارت سمـاء المكارم
لك الحج مبرورًا من الله ذي العلى	لك الذنب مغفـورًا وكل المآثـم

ويذكر الشيخ محمد بن جاسم حجه بالسيارات عام ١٩٤٠م مع أخيه الشيخ عبد الله بن جاسم:

«حجينا بيت الله الحرام في ٥ لقعدة (ذي القعدة) (١٣٥٩هـ/ الاثنين ٢٤ نوفمبر ١٩٤٠م) والمدينة في مواتر (سيارات) وجينا أهلينا في ٢ محرم ١٣٦٠هـ (الخميس ٣٠ يناير ١٩٤١م) مع لخو (الأخ) الشيخ عبد الله».

وبمعيته ابنه الشيخ حمد بن عبد الله، وكان وليًا للعهد، بالإضافة إلى بعض أقاربه

(١) مقابلة في مكتبه ظهر يوم ٢٦ سبتمبر ٢٠١٣. وسعادة الشيخ محمد من مواليد عام ١٩٢٥.

(٢) درر المعاني ج ١/ ٢٦٥ ، ودرر المعاني جمع محمود شعبان ، ص ٢١٥ .

وحاشيته وبعض أعيان قطر.

ونشرت جريدة صوت الحجاز الخبر في عددها رقم ٥٣٨ بتاريخ ٦ يناير ١٩٤١م، في صدر صفحتها الأولى.

كما نشرت جريدة صوت الحجاز في تاريخ ٣٠/ ١١/ ١٣٥٩هـ خبر قدومه إلى الأحساء في طريقه لتأدية مناسك الحج وبمعيته بعض أعيان قطر[1].

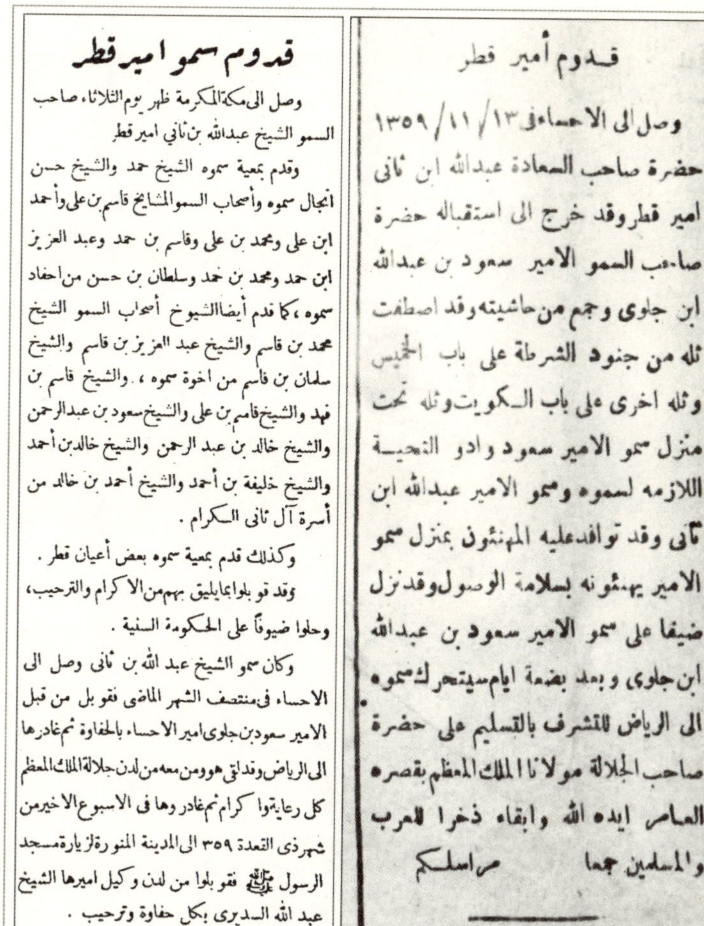

قدوم أمير قطر

وصل الى الاحساء في ١٣/ ١١/ ١٣٥٩ حضرة صاحب السعادة عبدالله ابن ثاني امير قطر وقد خرج الى استقباله حضرة صاحب السمو الامير سعود بن عبدالله ابن جلوي وجم من حاشيته وقد اصطفت ثله من جنود الشرطة على باب الخميس وثله اخرى على باب الكويت وثله تحت منزل سمو الامير سعود وادو التحية اللازمه لسموه وسمو الامير عبدالله ابن ثاني وقد توافدعليه المهنئون بمنزل سمو الامير يهنئونه بسلامة الوصول وقد نزل ضيفا على سمو الامير سعود بن عبدالله ابن جلوي وبعد بضعة ايام سيتحرك سموه الى الرياض للتشرف بالتسليم على حضرة صاحب الجلالة مولانا الملك المعظم بقصره العامر ايده الله وابقاه ذخرا للعرب والمسلمين جميعا   مراسلكم

قدوم سمو امير قطر

وصل الى مكة المكرمة ظهر يوم الثلاثاء صاحب السمو الشيخ عبدالله بن ثاني امير قطر

وقدم بمعية سموه الشيخ حمد والشيخ حسن انجال سموه وأصحاب السمو المشايخ قاسم بن على وأحمد ابن على ومحمد بن على وقاسم بن حمد وعبد العزيز ابن حمد ومحمد بن حمد وسلطان بن حسن من احفاد سموه، كما قدم أيضا الشيوخ أصحاب السمو الشيخ محمد بن قاسم والشيخ عبد العزيز بن قاسم والشيخ سلمان بن قاسم من اخوة سموه، والشيخ قاسم بن فهد والشيخ قاسم بن على والشيخ سعود بن عبدالرحمن والشيخ خالد بن عبد الرحمن والشيخ خالد بن أحمد والشيخ خليفة بن أحمد والشيخ أحمد بن خالد من أسرة آل ثاني الكرام.

وكذلك قدم بمعية سموه بعض أعيان قطر.

وقد قوبلوا بما يليق بهم من الاكرام والترحيب، وحلوا ضيوفاً على الحكومة السنية.

وكان سمو الشيخ عبد الله بن ثاني وصل الى الاحساء في منتصف الشهر الماضي فقوبل من قبل الامير سعود بن جلوي امير الاحساء بالحفاوة ثم غادرها الى الرياض وقد لقي هو ومن معه من لدن جلالة الملك المعظم كل رعاية واكرام ثم غادروها في الاسبوع الاخير من شهر ذي القعدة ١٣٥٩ الى المدينة المنورة لزيارة مسجد الرسول ﷺ فقوبلوا من لدن وكيل اميرها الشيخ عبد الله السديري بكل حفاوة وترحيب.

الصورة على اليمين لجريدة صوت الحجاز وعلى اليسار لجريدة أم القرى

---

(١) صوت الحجاز، العدد: ٥٣٦، الأحد، ٣٠ ذو القعدة ١٣٥٩ هـ، يوافقه ٢٩ ديسمبر ١٩٤٠م.

وقد وقفنا على أحد كتبه التي عليها بخط يده ما يفيد أنه اشترى الكتاب من مكة عام ١٣٥٩هـ، ونصه ما يلي:

«قد دخل في حوزة أفقر عباد الله إليه عبد الله بن قاسم الثاني وذلك بالشراء من مكة المكرمة في ذي الحجة سنة ١٣٥٩». هكذا كتب.

والكتاب عنوانه: فحوُل الشعَراء :الفرزدق، النابغة الذبياني، جميل بثينة، ذو الرمة، أمية بن أبي الصلت[1] وهو ما يعكس اهتمام أمير قطر بجلب الكتب حديثة النشر معه في أثناء رحلة الحج.

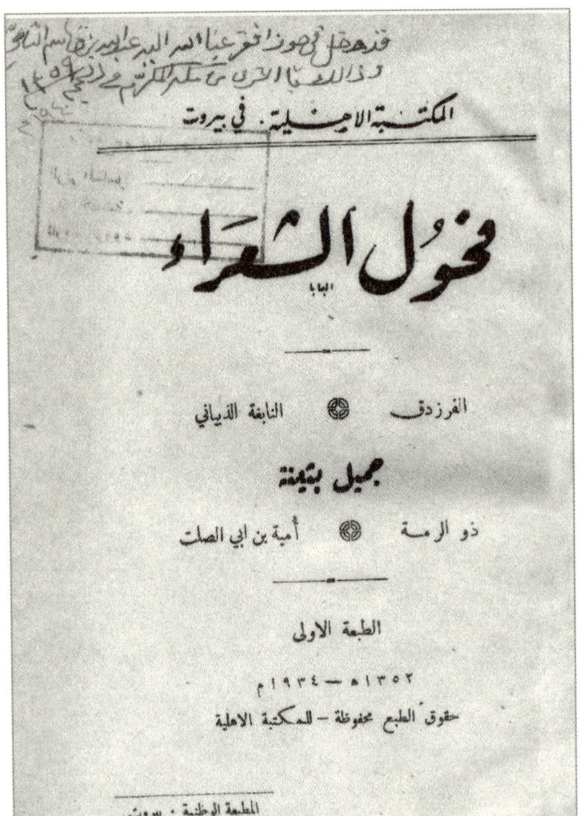
المكتبة الاهلية . في بيروت

فحوُل الشعَراء

الفرزدق ❂ النابغة الذبياني

جميل بثينة

ذو الرمة ❂ أمية بن ابي الصلت

الطبعة الاولى

١٣٥٢هـ — ١٩٣٤م

حقوق الطبع محفوظة — للمكتبة الاهلية

المطبعة الوطنية • بيروت

غلاف كتاب فحول الشعراء

---

(١) الكتاب من منشورات المكتبة الأهلية في بيروت، طبعة أولى، ١٩٣٤م، ومحفوظ في مكتبة قطر الوطنية (المجموعة التراثية).

فقد كانت مكة سوقًا رائجًا للمخطوطات والكتب التي تأتيها من كل صوب وحدب، لتباع في أثناء موسم الحج، ومما كان يباع بالإضافة إلى المصاحف المخطوطة، صحيح البخاري وكتب الأحاديث ومسند الإمام أحمد وسنن الترمذي وغيرها من الكتب الستة... ولعل معظم أهل قطر قد قاموا بتكوين مكتباتهم الخاصة من مشترياتهم في أثناء الحج إما بأنفسهم أو عن طريق أقاربهم ومعارفهم في أثناء رحلة الحج.

صورة للشيخ عبد الله بن جاسم وفي الصورة يقف الشيخ محمد بن جاسم في أقصى اليمين في أوائل الأربعينيات

وفي هذا العام، وبعد أن قام الشيخ عبد الله بن جاسم بأداء فريضة الحج، طلب الشيخ عبد الله من الملك عبد العزيز آل سعود أن يبعث معه برجل يصلح للقضاء والفتوى حيث كانت قطر في ذلك الوقت دون قاض بعد أن غادرها الشيخ محمد بن مانع وقد وقع اختيارهما على الشيخ عبد الله بن زيد آل محمود وذلك بإيعاز من الشيخ ابن مانع، وقد صدر الأمر إليه بالتوجه معهما في السنة نفسها حيث تقلد أمانة القضاء في أواخر ذي الحجة عام ١٣٥٩هـ.

ومنذ ذلك الوقت وحتى وفاته وهو مرجع الفتوى في قطر، وكانت له فتوى شهيرة بجواز الرمي قبل الزوال وفي كل وقت من النهار والليل، وكان الفقهاء في ذلك الحين يفتون بعدم جواز الرجم إلا بعد الزوال وحتى غروب الشمس ما أدى إلى وقوع وفيات عديدة.

وفيما يتعلق بسفر الشيخ علي بن عبد الله (حاكم قطر الأسبق) للحج، يذكر الشيخ محمد بن جاسم في مذكراته:

«حج الشيخ علي بن عبد الله الثاني في ١٥ شوال (١٣٦٣هـ/ الثلاثاء ٣ أكتوبر ١٩٤٤م)»[١].

والجدير بالذكر أن الشيخ علي قام بتأدية فريضة الحج والعمرة أكثر من مرة فضلًا عن زياراته الرسمية للمملكة العربية السعودية، والتي سيرد ذكرها لاحقًا.

كتابة الوصية:

حري بالحاج قبل أن يبدأ رحلة الحج أن يكتب وصيته، وبيان ما له وما عليه، وهذا ما نراه عند الشيخ محمد بن جاسم، الذي كان كلما عزم على الحج، كتب وصيته قبل أن يقوم بالرحلة خشية أن يتوفاه الله في أثناء الحج.

وكان هذا حال الكثيرين من أبناء قطر، بل كان معظمهم يتوق لذلك، كما كان بعضهم يأخذ كفنه معه للحج، ولسان حاله يقول:

«أنا ذاهب الحج ويمكن ما أرجع، فيكون كفني جاهز».

فإذا كتب الله له إتمام فريضته، يغسله بماء زمزم ويعود به، ونفسه راضية، بما كتبه الله له.

الشيخ عبد الله بن جاسم بن ثاني ونجله الشيخ علي أمير قطر الأسبق يزوران الأراضي المقدسة (تأدية العمرة):

وفي مساء يوم الثلاثاء الماضي أقام صاحب السمو الشيخ عبد الله بن ثاني وسمو نجله الشيخ علي بن ثاني أمير (قطر) حفلة عشاء كبرى في فندق الزاهر بمكة الكرمة شرفها سمو الأمير عبد الله الفيصل وأعضاء الأسرة المالكة كما حضرها هيئة مجلس الشورى ورؤساء دوائر الحكومة وكبار الموظفين والعلماء والتجار والأعيان والوجهاء وغيرهم من أعضاء اللجان والمجالس والهيئات.

---

(١) من مذكرات بخط المغفور له الشيخ محمد بن جاسم بن محمد بن ثاني.

وما غربت شمس يوم الثلاثاء الماضي إلا وقد كانت جميع المعدات الفخمة لهذه الحفلة، قد أجريت في حديقة فندق الزاهر على أبدع ما يكون من الرونق والبهاء والفخامة والجمال، وقد صفت في مركز الاستراحة بهذه الحديقة الأرائك الفاخرة النفيسة، كما مدت في وسط هذه الحديقة موائد العشاء الفخمة وقد احتوت ما لذ وطاب من أنواع الطعام الفاخرة والحلويات والفواكه الممتازة، وكان جو الحديقة مزدانًا بمصابيح الكهرباء في أشكال أنيقة ونظام مرونق، وقد اصطفت أمام باب الحديقة ثلة من جنود الشرف مع فرقة الموسيقى. وفي الساعة الواحدة حضر المدعوون بالحديقة وحينئذ أقبل الضيفان الكريمان في موكب فخم يرافقهما سمو الأمير عبد الله الفيصل وحين وصولهما أدت الجنود التحية العسكرية لهما، وعزفت الموسيقى بالسلام واستقبلا في الحديقة بمنتهى الحفاوة وقد تصدرا محل الاستراحة وأديرت القهوة العربية، وبعد ذلك دعي الحاضرون لتناول العشاء على تلك المائدة الفخمة الأنيقة وقد تصدرها الضيفان الكريمان وبجانبيهما وأمامهما سمو الأمير عبد الله الفيصل وأعضاء الأسرة المالكة، وبعد الانتهاء من تناول طعام العشاء على هذه المائدة الكريمة عاد الضيفان الكريمان يرافقهما سمو الأمير عبد الله الفيصل وأعضاء الأسرة المالكة إلى صدر مقر الاستراحة في هذه الحديقة الغناء وتبعهم الحاضرون، وبعد أن أديرت القهوة العربية والطيب على الجميع غادر الضيفان الكريمان يرافقهما سمو الأمير عبد الله الفيصل هذه الحديقة وقد شيعا بمثل ما استقبلا به من الحفاوة والتكريم.

وهكذا نشرت جريدة أم القرى في عددها رقم ١٤٤٤ بتاريخ يوم الجمعة ٩ ربيع الثاني ١٣٧٢هـ/ الموافق ٢٦ ديسمبر ١٩٥٢م، ونصّها:

في عشية يوم الجمعة الماضية احتفلت هذه البلاد المقدسة احتفالًا فخمًا باستقبال صاحب السمو الشيخ عبد الله بن ثاني ونجله الشيخ علي بن ثاني أمير قطر، فخرج من مكة المكرمة صاحب السمو الملكي الأمير عبد الله الفيصل (وكيل نائب جلالة الملك ووزير الداخلية والصحة) في موكبه المهيب إلى (الشرائع) وكان في معية سموه هنالك سعادة وكيل وزارة المالية الشيخ سليمان الحمد وسعادة مستشار وزارة المالية الشيخ محمد سرور الصبان، وغيرهما من رجال الدولة وأعيان البلاد، وقد استقبل سموه ومن في معيته بأسمى مظاهر

الحفاوة الضيفين الكريمين (الشيخ عبد الله بن ثاني ونجله الشيخ علي بن ثاني أمير قطر) حين وصولهما إلى الشرائع في موكب فخم من الرياض بطريق السيارات، ثم سار سمو الأمير عبد الله الفيصل ومن في معيته مرافقًا للضيفين الكريمين في موكب رائع على السيارات الفخمة من الشرائع إلى مكة المكرمة فاستقبل فيها الضيفان الكريمان بأسمى مظاهر الحفاوة وأدت الجنود المصطفة عند مدخل مكة التحية العسكرية لهما وحلا ضيفين كريمين في القصر الفخم الذي هيئت به جميع أسباب الراحة والرفاهية بجانب المسجد الحرام، ليتسنى لهما باستمرار التمتع برؤية الكعبة المشرفة، والطواف بها والصلاة عندها.

وبعد أن استراحَ الضيفان الكريمان في الفترة التي أديا بها صلاة العصر بادرا بأداء نسك العمرة فطافا بالبيت الحرام سبعة أشواط ثم سعيا بين الصفا والمروة سبعة أشواط، وبعد أن أتما نسك العمرة عادا إلى القصر الذي أُعد لهما محفوفين بمثلِ ما استقبلا به من مراسم الحفاوة والإجلال. ولقد كانت الجماهير المصطفة على جانبي الطريق التي مر بها الضيفان الكريمان يرافقهما سمو الأمير عبد الله الفيصل توالي تصفيقها تحية لهما.

جلالة الملك

يستقبل فى المحطة ظهر أمس ضيفه الكريمين

سمو الامير الشيخ عبد الله آل ثانى حاكم قطر ونجله سمو الامير على آل ثانى

فى الساعة السادسة من صباح أمس [الاثنين] غادر ركاب حضرة صاحب الجلالة الملك المعظم القصر الملكى العامر قاصداً محطة سكة حديد الرياض، وفى الساعة السادسة والدقيقة الثلاثون وصل قطار الديزل الخاص الى المحطة يقل صاحب السمو الشيخ عبد الله آل ثانى وسمو نجله الكريم الشيخ على آل ثانى حاكم [قطر] فنزلا سموهما من القطار، واستعرضا حرس الشرف المصطف فى ساحة المحطة، وبعد ان تقدما سموهما فسلما على جلالة الملك غادرا المحطة فى سيارة جلالته الخاصة حيث حلا سموهما ضيفان كريمان فى قصر الضيافة الخاص وفى الساعة العاشرة زار جلالة الملك ضيفيه الكريمين فى قصر الضيافة، ثم غادره الى قصره العامر وفى المساء أعدت مأدبة ملكية كريمة فى القصر العامر احتفاء بالضيفين الكريمين.

خبر جريدة البلاد السعودية

احتفاء جلالة الملك المعظم فى الرياض

بضيفى جلالته الكريمين

صاحب السمو الشيخ عبد الله آل ثانى وسمو نجله الشيخ على آل ثانى حاكم قطر

جاءنا من الديوان الملكى العالى بالرياض فى ٢٠/٣/١٣٧٢ ما يأتى :

فى الساعة السادسة من صباح هذا اليوم الاثنين غادر ركاب حضرة صاحب الجلالة الملك المعظم القصر الملكى العامر قاصداً محطة سكة حديد الرياض وفى الساعة السادسة والدقيقة الثلاثين وصل قطار الديزل الخاص الى المحطة يقل حضرة صاحب السمو الشيخ عبد الله آل ثانى وسمو نجله الكريم الشيخ على آل ثانى حاكم قطر فنزلا سموهما من القطار واستعرضا حرس الشرف المصطف فى ساحة المحطة وبعد أن تقدما سموهما فسلما على جلالة الملك غادرا المحطة بسيارة جلالته الخاصة حيث حل سموهما ضيفين كريمين فى قصر الضيافة الخاص وفى الساعة العاشرة زار جلالة الملك ضيفيه الكريمين فى قصر الضيافة ثم عاد الى قصره العامر وفى المساء أعدت مأدبة ملكية كريمة فى القصر الملكى العامر احتفاء بالضيفين الكريمين.

خبر جريدة أم القرى العدد : ١٤٤٢

(جريدة أم القرى فى يوم الجمعة ١٦ ربيع الثانى سنة ١٣٧٢ هـ — الموافق ٢ يناير سنة ١٩٥٣ م)

سفر سمو الشيخ عبد الله بن ثانى وسمو نجله الشيخ على بن ثانى امير قطر الى الرياض

الحفاوة الفخمة بتوديعهما فى مكة المكرمة

فى عشية يوم الجمعة الماضية غادر مكة المكرمة بطريق السيارات الى الرياض الضيفان الكريمان صاحب السمو الشيخ عبد الله بن ثانى وسمو نجله الشيخ على بن ثانى امير قطر فى موكب فخم بعد ان أديا صلاة الجمعة الماضية بالمسجد الحرام وطافا بعد ذلك بالكعبة المشرفة طواف الوداع وقد ودعا عند مغادرتهما المسجد الحرام بحفاوة فائقة من رؤساء دوائر الحكومة وكبار الموظفين والوجهاء وعلى رأس الجميع صاحب السمو الملكى الامير عبد الله الفيصل (وكيل نائب جلالة الملك ووزير الداخلية والصحة) وقد ادت الجنود المصطفة هنالك التحية العسكرية للضيفين الكريمين كما كانت الجماهير المصطفة على جانبى الطريق تحييهما تحية الوداع اللائقة بمقام ضيفى جلالة عاهل البلاد المفدى، وقد رافق الضيفين الكريمين فى موكبهما سمو الامير عبد الله الفيصل مسافة طويلة وحين وصول الضيفين الكريمين فى موكبهما الفخم الى (الشرائع) استقبلا هنالك بحفاوة فائقة من سعادة وكيل وزارة المالية الشيخ سليمان الحمد وسعادة مستشار وزارة المالية الشيخ محمد سرور الصبان وغيرهما من كبار رجال وزارة المالية وسواهم من كبار الموظفين والأعيان ؛ وقد استراح الضيفان الكريمان بالشرائع بالمكان الذى اعد لنزولهما احسن اعداد وهيئت به جميع اسباب الراحة وتناولا فيه طعام العشاء وامضيا به ليلة هنيئة محفوفين بأسمى مراسم الحفاوة . وفى الصباح الباكر غادر الضيفان الكريمان الشرائع فى موكبهما الفخم الى الرياض وقد ودعا بمثل ما استقبلا به من الحفاوة والتكريم . اصحبهما الله السلامة فى كل ظعن واقامة .

جريدة «أم القرى» - العدد ١٤٤٥ - الجمعة ١٦ ربيع ثاني ١٣٧٢ الموافق ٢ يناير ١٩٥٣

(جريدة أم القرى فى يوم الجمعة ٩ ربيع الثانى سنة ١٣٧٢ هـ - الموافق ٢٦ ديسمبر سنة ١٩٥٢ م)

اقامة الضيفين الكريمين أميرى (قطر)

حفلة عشاء كبرى

بفندق الزاهر فى مكة المكرمة

فى مساء يوم الثلاثاء الماضى اقام صاحب السمو الشيخ عبد الله بن ثانى وسمو نجله الشيخ على بن ثانى أمير (قطر) حفلة عشاء كبرى فى فندق الزاهر بمكة المكرمة شرفها سمو الأمير عبدالله الفيصل وأعضاء الاسرة المالكة كما حضرها هيئة مجلس الشورى ورؤساء دوائر الحكومة وكبار الموظفين والعلماء والتجار والأعيان والوجهاء وغيرهم من أعضاء اللجان والمجالس والهيئات.

وما غربت شمس يوم الثلاثاء الماضى الا وقد كانت جميع المعدات الفخمة لهذه الحفلة قد أجريت فى حديقة فندق الزاهر على أبدع ما يكون من الرونق والبهاء والفخامة والجمال وقد صفت فى مركز الاستراحة بهذه الحديقة الأرائك الفاخرة النفيسة كما مدت فى وسط هذه الحديقة موائد العشاء الفخمة وقد احتوت مالذ وطاب من أنواع الطعام الفاخرة والحلويات والفواكه الممتازة وكان جو الحديقة مزدانا بمصابيح الكهرباء فى أشكال أنيقة ونظام مرونق وقد اصطفت أمام باب الحديقة ثلة من جنود الشرف مع فرقة الموسيقى. وفى الساعة الواحدة حضر المدعوون بالحديقة وحينئذ أقبل الضيفان الكريمان فى موكب فخم يرافقهما سمو الأمير عبد الله الفيصل وحين وصولهما أدت الجنود التحية العسكرية لهما وعزفت الموسيقى بالسلام واستقبلا فى الحديقة بمنتهى الحفاوة وقد تصدرا مجلس الاستراحة وأديرت القهوة العربية، وبعد ذلك دعي الحاضرون لتناول العشاء على تلك المائدة الفخمة الأنيقة وقد تصدرها الضيفان الكريمان وبجانبيهما وأمامهما سمو الأمير عبدالله الفيصل واعضاء الاسرة المالكة وبعد الانتهاء من تناول طعام العشاء على هذه المائدة الكريمة عاد الضيفان الكريمان يرافقهما سمو الأمير عبد الله الفيصل وأعضاء الاسرة المالكة الى صدر مقر الاستراحة فى هذه الحديقة الغناء وتبعهم الحاضرون، وبعد أن أديرت القهوة العربية والطيب على الجميع غادر الضيفان الكريمان يرافقهما سمو الأمير عبد الله الفيصل هذه الحديقة وقد شيعا بمثل ما استقبلا به من الحفاوة والتكريم

جريدة «أم القرى» - العدد ١٤٤٤ - الجمعة ٩ ربيع ثاني ١٣٧٢ الموافق ٢٦ ديسمبر ١٩٥٢

طواف الوداع

وفي جريدة أم القرى العدد ١٤٤٥ في يوم الجمعة ١٦ ربيع الثاني ١٣٧٣هـ -الموافق ٢ يناير سنة ١٩٥٣م، نشرت الجريدة خبر سفرهما بعد طواف الوداع جاء فيه:

«في عشية يوم الجمعة الماضية غادر مكة المكرمة بطريق السيارات إلى الرياض الضيفان الكريمان صاحب السمو الشيخ عبد الله بن ثاني وسمو نجله الشيخ علي بن ثاني أمير قطر في موكب فخم بعد أن أديا صلاة الجمعة الماضية بالمسجد الحرام وطافا بعد ذلك بالكعبة المشرفة طواف الوداع، وقد ودعا عند مغادرتهما المسجد الحرام بحفاوة فائقة من رؤساء دوائر الحكومة وكبار الموظفين والوجهاء، وعلى رأس الجميع صاحب السمو الملكي الأمير عبد الله الفيصل (وكيل نائب جلالة الملك ووزير الداخلية والصحة)، وقد أدت الجنود المصطفة هنالك التحية العسكرية للضيفين الكريمين كما كانت الجماهير المصطفة على جانبي الطريق تحييهما تحية الوداع اللائقة بمقام ضيفي جلالة عاهل البلاد المفدى، وقد لحق بالضيفين الكريمين في موكبهما سمو الأمير عبد الله الفيصل مسافة طويلة وحين وصول الضيفين الكريمين في موكبهما الفخم إلى (الشرائع) استقبلا هناك بحفاوة فائقة من سعادة وكيل وزارة المالية الشيخ سليمان الحمد وسعادة مستشار وزارة المالية الشيخ محمد سرور الصبان وغيرهما من كبار رجال وزارة المالية وسواهم من كبار الموظفين الأعيان؛ وقد استراح الضيفان الكريمان بالشرائع بالمكان الذي أعد لنزولهما حسن إعداد وهيئت به جميع أسباب الراحة وتناولا فيه طعام العشاء وأمضيا به ليلة هنيئة محفوفين بأسمى مراسم الحفاوة . وفي الصباح المبكر غادر الضيفان الكريمان الشرائع في موكبهما الفخم إلى الرياض وقد ودعا بمثل ما استقبلا به من الحفاوة والتكريم. أصحبهما الله السلامة في كل ظعن وإقامة».

كان الشيخ علي بن عبد الله آل ثاني، مواظبًا على أداء مناسك الحج والعمرة، فقد قصد مكة المكرمة أكثر من عشرين مرة في حياته، وكان له قصر يسكنه إذا حلَّ هناك حاجًا

أو معتمرًا[1] فقد قصد الحجاز حاجًا أو معتمرًا في أكثر السنوات التي كان حاكمًا فيها، وتضاعف سفره إلى الديار المقدسة بعد ما نزل عن الحكم، وتفرغ للعبادة والنسك، ولنا أن نقول إنه زار مكة - فضلا عن المدينة المنورة - في الأعوام الهجرية الآتية: ١٣٤٦، ١٣٧٦، ١٣٧٧، ١٣٨٠، ١٣٨١، ١٣٨٢، ١٣٨٣، وغيرها.

كما زار المسجد الأقصى المبارك في القدس والحرم الإبراهيمي في مدينة الخليل، وصلى فيهما، وقدم هبات كريمة في سنتي ١٣٧٤هـ/ ١٩٥٥م، و١٣٨٠هـ/ ١٩٦٠م.[2]

وفي مذكرات الشيخ محمد بن عبد العزيز بن مانع، يذكر في أكثر من موضع قيامه بصحبة الشيخ علي بتأدية فريضة الحج أو بتأدية العمرة، فيقول:

جاءنا برقية من قطر من الدوحة من الشيخ قاسم بن درويش في ١١ ذي القعدة سنة ١٣٧٦هـ (١٩٥٦) هذا نصها:

«الشيخ محمد المانع: غادر الشيخ علي الدوحة إلى مكة صباحاً يوم السبت بطريق السيارة، عاشر ذي القعدة سنة ١٣٧٦هـ (١٩٥٦) جاسم الدرويش»[3].

الوجيه جاسم درويش فخرو

(١) محمد محمود الدروبي: مقابلة مع حفيده الدكتور حسن بن محمد بتاريخ ٦/ ٧/ ٢٠٠٧م.

(٢) محمد محمود الدروبي: الأمير الراشد الشيخ علي بن عبد الله آل ثاني، (الدوحة: مركز شباب برزان، ٢٠٠٨)، ص ١٤٦.

(٣) عبد الرحمن بن عبد الله الشقير، قطر في مذكرات ابن مانع، د.ت، ص٢٥، ٢٦.

عمرة رمضان ١٣٧٧هـ :

في آخر شعبان سنة ١٣٧٧هـ (١٩٥٧م) سافرت إلى مكة صحبة الشيخ علي بن ثاني، حاكم قطر، وصمنا في مكة رمضان، وفي شوال من هذا العام سافرنا من مكة إلى قطر فوصلناها بالسلامة[(١)].

الحج عام ١٣٧٩هـ :

- وصلنا قطر في ١٥ صفر سنة ١٣٧٩هـ (١٩٥٩م) وكان ابتداء السفر في ١١ ذي القعدة سنة ١٣٧٨هـ (١٩٥٨م) للحج صحبة الشيخ علي بن عبد الله الثاني.
- عام ١٣٨٠هـ (١٩٦٠م) بمعية الشيخ علي بن عبد الله آل ثاني «سافرنا إلى العمرة سنة ١٣٨٠هـ (١٩٦٠م) في ٣ شوال ورجعنا إلى قطر في ٢ ذي القعدة ١٣٨٠هـ (١٩٦٠م) صحبة الشيخ علي بن عبد الله آل ثاني»[(٢)].

---

(١) المصدر السابق، ص ٣٠.

(٢) المصدر السابق، ص ٣٥.

الاستعداد للحج

الاستعداد للحج:

كان أهل قطر يستقبلون موسم الحج مع قدوم شهر رمضان من كل عام، ويصف لنا يوسف بن عبد الرحمن الخليفي بعض أجواء رمضان قائلًا: «فإذا ما حل شهر رمضان المبارك زاد الكرم وكثرت الصدقات وعمت الفرحة الجميع وفتحت المجالس ومدت موائد الافطار العامرة تستقبل كل فقير ومحتاج بصدر رحب ووزعت المأكولات على الفقراء، أما ليالي هذا الشهر المبارك فإنها تُحْيَا بذكر الله من صلاة وقراءة قرآن إذ يجتمع الناس في مجلس أحدهم لتلاوة القرآن وختمه، حتى إذا ما حلت ليلة العيد كان القرآن قد ختم ونال صاحب البيت ثوابًا لفتحه باب بيته لهم كالمسجد ونال الحاضرون أجرهم لاستماعهم لكتاب الله»[1].

وهكذا يمضي بعضهم أيام الشهر الفضيل في عبادة لا تنقطع، ويسيطر عليهم شعور الخشوع والطاعة لله، فإذا انتصف الشهر، يحتفل الأطفال وهم ينشدون أهازيج (القرنقعوه)[2] ويدعون لمن يعطيهم بزيارة مكة:

عطـــــــــــونا الله يعطيكم
بيت مـــــــكة يوديكـــــم
يا مكـــــــــة يا معمـــورة
يام الســـلاسل والذهـــب يا نـــورة
عطـــــــــــونا دحبة ميزان
ســـــــــــلم لكم عزيزان
عطـــــــــــونا من مال الله
ســـــــــــلم لكم عبد الله

إلى آخره، وحين يتمون الشهر يحتفلون بعيد الفطر بمشاعرَ من الفرحة والتقوى، ويكون ذلك في الوقت نفسه إيذاناً لمن عزم على تأدية فريضة الحج أن يتأهب له، فتكثر زيارات الأهل والأقارب، ويعقدون اجتماعات مسائية يتحدثون فيها عن الحج وذكرياته، حيث يتبارى من

---

(١) انظر : يوسف بن عبد الرحمن الخليفي، التحفة البهية في الآداب والعادات القطرية ، ط٢، ١٩٨٦، ص١١١.

(٢) تُمثل ليلة القرنقعوه ليلة تراثية، حيث يحتفل بها المجتمع القطري في ليلة النصف من شهر رمضان المبارك.

سبق لهم الحج في استعادة ذكرياتهم وإسداء نصائحهم لأحبائهم العازمين على الحج، ويحرص كبار السن على كتابة وصياتهم، ويستودعونهم عند الله فالأعمار بيد الله، ويخشى ألاَ يرجع...

وتنشغل كل أسرة بتجهيزاتها، من ملابسِ الإحرام، واحتياجاتها من مأكل ومشرب؛ يقومون بتجميعه خلال شهر رمضان من عيش ودهن وطحين وتمر وهيل وسكر وشاي، ومستلزمات الطبخ من قدور وصواني وحطب، وكانوا يشترون لذلك صناديق من الصاج بعضها يأتي من الهند أو الباكستان، يخزنون فيها احتياجاتهم، ولقد ذكر لي يوسف أحمد الحميد أنه حج في شتاء عام ١٩٧٠م، بصحبة والدته وخالته، في حملة إرحمة الحساوي، ولاحظ أن الصندوقين اللذين اشتراهما والده كان مرسومًا عليهما ورود ملونة بالأخضر والأحمر على طريقة بلدان آسيا الإسلامية.

ويعلق درويش الفار على مشقة الحج قديمًا قائلًا:

«ولا يزال يعيش في بلاد المسلمين، من أدوا فريضة الحج قبل خمسين عامًا وعرفوا مشقة السفر مشيًا على الأقدام أو على ظهور الضوامر من كل فج عميق، وذاقوا حلاوة النجاة بالروح والمال من قطاع الطريق أو تعرضوا للسلب والنهب والقتل قبل أن يصلوا إلى بيت الله العتيق. ومنهم من عانى مشقة ووعثاء التنقل خلال المشاعر المقدسة بين مكة المكرمة ومنى وعرفات وإلى مسجد رسول الله ﷺ. ومنهم من تعرض للأوبئة والأمراض، ونجا منها بأعجوبة، في ذلك الزمان الذي لم تكن فيه حكومة ترعى ضيوف الرحمن، وتنفق عن سعة لتأمين المسالك والدروب، وتوفير الطعام والماء والدواء، وتعبيد الطرق وتدبير وسائل المواصلات، وإنشاء الموانى والمطارات، وما إلى ذلك من أبواب العناية، التي لم يكن أحد من أجدادنا هؤلاء يحلم بها، أو يتصور أن تكون في يوم من الأيام»[(١)].

النول:

يدفع الحاج للمقاول «النول»، وهو الأجرة التي يدفعها نظير تكاليف رحلته، ولقد تراوحت الأجرة في قطر من عشرات الروبيات قديمًا، إلى مائة ريال وتصاعدت إلى أن وصلت

(١) درويش مصطفى الفار: قطرات مداد، مطابع الدوحة الحديثة، الدوحة، ١٩٨٥، ص ١٦٨.

٥٠٠ ريال حتى عام ١٩٧٠م، ووصلت في عام ١٩٨٠م إلى ثلاثة آلاف ريال، ويقوم المقاول بترتيبات السفر معهم، وتحديد موعد الانطلاق.

بينما عرف أهل قطر الآن الحج السريع، والحج الممتاز، بتكاليف باهظة تصل إلى عشرات الآلاف (٢٠١٤م).

انطلاق قوافل الحج:

لقد كان أهل قطر، يستعدون للرحلة مبكرًا، فصاحب الحملة يشتري الجمال قبل موسم الحج ويضعها في أحد الحوط (الساحات) التي يملكها، كما كان يفعل الحاج جلمود حتى ابتداء موسم الحج، ويكون اختيار صاحب الحملة عادة لإناث الإبل «الزمل»، وذلك لما فيها من الصفات التي تؤهلها لتحمل المشاق أكثر من الذكور، ثم يوضع عليها وسم الحملة ببدن الإبل، ليعرف صاحب الحملة إبله إذا ضلت في الصحراء أو سرقت، والجدير بالذكر أن الناقة عادة ما تنهك من التعب وتضعف بسبب طول المسير، ووعورة الطريق، لذا ما إن تصل الحملة إلى مدينة الرياض حتى تستنفد الإبل كامل طاقتها فيضطر حينها صاحب الحملة لاستبدالها بجمال جديدة سواء بالشراء أو بالتأجير.

وتبدأ قوافل الحج في التجمع في ساحة قريبة من مدينة الدوحة، بالقرب من الديوان الأميري عند قلعة الكوت؛ حيث يتوافد الحجيج من أطراف البلاد، ويأتي معهم المودعون، ويستمرون في حزم أغراضهم، وعادة ما يقوم بهذه المهمة المودعون، بينما يكون الحجاج قد دخلوا في حالة من الروحانية، وبعد صلاة الفجر إلى قبيل صلاة الظهر (الضحى) يكونون قد استعدوا تمامًا، ويكون المقاول قد تسلم زمام القيادة، ليعلن قيام الرحلة برًا في اتجاه «سلوى» جنوب غرب قطر.

وفي أثناء الطريق يلتحق بهم العديد من قوافل الحجيج الأخرى وبعضها كان للميسورين والوجهاء من أبناء قطر، بينما يهرول بعض الدراويش والفقراء وهم مجموعة من الهنود والعجم القادمين من بلدانهم البعيدة لأداء فريضة الحج مشيًا على الأقدام ليلحقوا بالقوافل الذاهبة إلى مكة بلا زاد ولا رواحل.

وتستمر القافلة في مسيرها إلى أن تصل إلى «أبو سمرة»[1] على الحدود السعودية، وكان بعض المودعين يصاحب الحجيج حتى نقطة التفتيش، وعندما يعبر الحجيج الحدود يعود المودعون إلى الدوحة.

وفي «أبو سمرة» تقوم السلطات السعودية، بالتحقق من شخصيات الحجيج وبطاقات التطعيم الصحي، كما يقومون بتفتيش الحجيج، إلا النساء لا تفتش ولو حملت ذهب الدنيا معها وذلك تكريمًا لهن، كما كن يحملن تصاريح سفر ولكنها كانت تخلو من صور النساء، حيث كان يكتب مكان الصورة محجبة، وظل هذا معمولًا به إلى أوائل الثمانينيات.

بينما يمنع أصحاب السيارات من اصطحاب الدراويش، خصوصًا إذا كان الدرويش بدون هوية أو جواز سفر، وكان بعضهم يغافل العساكر ليندس بين الناس ويتوارى في جموع الحجيج فتأخذهم الرأفة بهم.

ويروي الشيخ ثاني بن خالد الذي حج عام ١٩٦٦م، أنه شاهد أحدهم من دراويش (الباتان)[2]، عزم على الحج ماشيًا على قدميه، وعندما منع من السفر لعدم وجود جواز سفر معه، فإذا به يلقي بنفسه على الأرض، وأخذ يحشو فمه بالتراب من القهر، وهو يقول أموت ولا أرجع، ويكرر: أموت ولا أرجع، ويجهش بالبكاء، وكان منظره مؤثرًا للغاية، مما حذا بالشيخ خالد بن ثاني أن يصطحبه على مسؤوليته.

وكان بعض الدراويش لا يتمكنون من قطع مسافة ٢٥٠ كيلو مترًا مثلًا بدون مساعدة السيارات خصوصًا وأن الطريق كانت وعرة وبدون ماء أو زاد مما يتعذر عليهم السير كل هذه المسافة، وكنا لا نعرف لغتهم ولا يعرفون لغتنا، ومعظمهم من العجزة، ولقد مات عدد من المجازفين في طريق الدوحة والسعودية[3]، وبعضهم تعذر دفنه لصعوبة الأوضاع آنذاك.

---

(١) يعتبر منفذ أبو سمرة الحدودي المنفذ البري الوحيد لدولة قطر ويقع في الحدود الغربية الجنوبية للدولة على بعُد حوالي [١١٠] كيلو مترات من مدينة الدوحة.

(٢) وهم خليط من الباكستانيين والأفغان.

(٣) انظر: عبد الوهاب العسكري، إمارة قطر، مطبعة التلغراف، بغداد، د ت. ص ٢٨.

الطريق إلى الأماكن المقدسة

مسافات الطريق من مدينة الدوحة إلى مكة المكرمة والمدينة المنورة

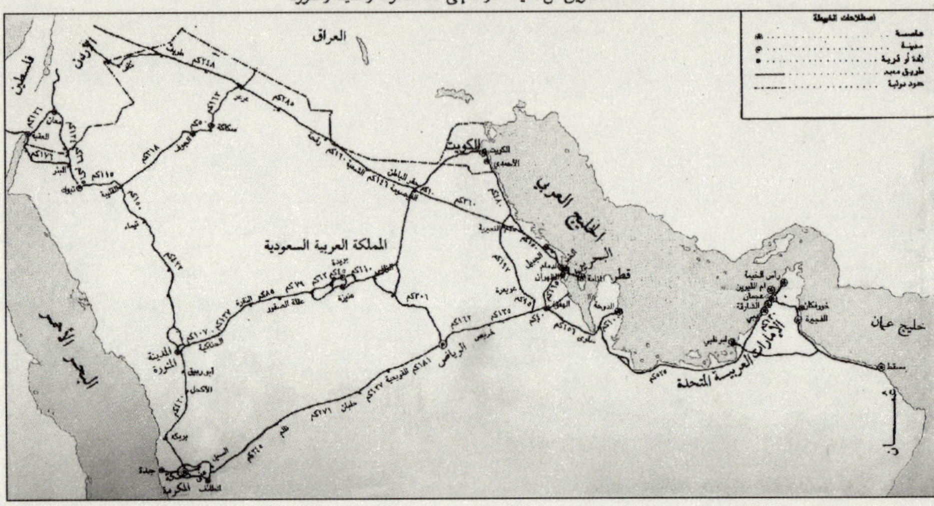

الطريق من الدوحة إلى الرياض:

كان المقاولون على دراية بأنسب الطرق المؤدية للأماكن المقدسة، ويعرفون أي الطرق يسلكون، وعادة ما يكون توفر آبار المياه والكلأ من أهم المحددات التي يفضلونها، وبناءً على ذلك يختارون الطرق المناسبة، فضلًا عن توفر الأمن فيها، فالسير بالمطايا كان يستلزم دراية كبيرة بالطرق وتجنب مخاطر عديدة قد يواجهونها، كما كانوا يتعرضون لقطاع الطرق الذين يسلبونهم متاعهم وأموالهم، بينما كان السفر بالسيارات فيما بعد أيسر نسبيًّا على الرغم من المفاجآت التي تواجههم من تعطل سياراتهم في أماكن نائية عن العمران، وفي جميع الحالات كانت الاستراحات تنتشر في محطات عديدة على الطريق لتقدم لهم الأطعمة والمشروبات.

وقد وصف لي الشيخ عبد الله بن محمد بن جاسم آل ثاني رحلة الحج بقوله:

«كنا نتوقف عند بعض الاستراحات، وعادة ما تكون عين ماء لسقي الإبل، والاستراحة لتناول القهوة، وفي هذه الاستراحات، كان كبار السن ومن سبق لهم الحج من قبل، يستعيدون ذكريات الحج السابقة التي لا تخلو من التندر والطرافة، ومما يذكرون: أنه في إحدى المرات، وبعد أن أخذوا استراحة وغادروا المراح، اكتشفوا بعد مسيرهم لمسافة طويلة أنهم تركوا «يد الهاون» في

المراح[1]، وبعد أن استكملوا رحلة الحج ورجعوا في الطريق مروا في المكان نفسه ووجدوا «يد الهاون» على حالها[2]».

ويكمل:

«وتنطلق الرحلة من أبو سمرة إلى الهفوف ليلًا وذلك في أوقات الصيف، حيث يتوقفون في محطات للتزود بالماء، ومن الهفوف ينطلقون إلى الحسا فالرياض».

السيد عبد الله بن خليفة العطية

ويقول السيد عبد الله بن خليفة العطية: «كانوا يسلكون طريق البريد (درب الساعي)، وفي الصيف عادة كانوا يمشون ليلًا، لصعوبة السير تحت أشعة الشمس، ويستريحون عند مواقع المياه، يمشون ثلاثة أيام ويستريحون يومًا أو يومين، وهكذا، وكانت نقطة التجمع في الحسا، حيث يغيرون المطايا، وفي الطريق ناس تمرض وناس تموت وناس تولد، وبعضهم يتركونه في الطريق».[3]

الطريق من الهفوف إلى الرياض:

حسب الروايات التي جمعها لوريمر في مطلع القرن العشرين (١٩٠٨م)، فإن الطريق من الهفوف إلى الرياض كانت تمر بالمحطات التالية:

«فروق» وتميزها شجرة أكاسيا وحيدة في وادي فروق، وبها مراع للجمال من نباتات التازي[4] والعرفج[5]، ثم «رجم الشويعر» وهي تقع على الجانب الشرقي لصحراء الدهناء وتميزها كومة من الحجارة، ثم «أبو جفان» وهي في اتجاه الغرب وبها

---

(١) المَراحُ -مَراحُ: الموضع الذي يَرُوح منه القوم، أو يروحون إليه، خلافُ المَغْدَى. انظر المعجم: المعجم الوسيط.

(٢) مقابلة مع الشيخ عبد الله بن محمد بن جاسم آل ثاني (مارس ٢٠١١م).

(٣) مقابلة مع السيد عبد الله بن خليفة العطية، (أبريل ٢٠١٣م).

(٤) نبات ينتمي إلى جنس العنصل.

(٥) نبات شجيري معمر يتواجد في الأراضي الرملية الحصوية المتماسكة.

مجموعة من الآبار، ومنها إلى محطة «ترابي» وتقع فوق سهل صحراء عرمة، وتنتشر فيها الأحجار الضخمة، وبها أربعة آبار ماؤها عذب، وبها أشجار كثيرة متنوعة يستخدمها البدو في إشعال النار، ثم المحطة التالية وهي «مياهيه» وبها ٣٠ بئرًا ماؤها عذب، وتقع في سهل رملي ينتشر فيه الحصى وبها أشجار كثيرة متنوعة[١]، إلى أن يصلوا إلى الرياض، ومنهم من كان يستمر إلى مكة حيث تستغرق الرحلة حوالي ٢٣ يومًا، ومن الرياض إلى مكة في ١٧ يومًا، ومنهم من يترك المطايا في الرياض ويأخذ سيارة إلى مكة، وذلك في أوائل القرن العشرين، وكان الحجيج يمر عبر رمال صحراء الدهناء[٢]، وحزوم الصمان[٣]، ولكل منطقة صفاتها الجغرافية المعروفة لهم، ومخاطرها؛ فكثيرًا ما كانت تتعرض القوافل للسلب والنهب من قطاع الطرق، وكثيرًا ما كانت تحدث وفيات بين الحجاج في الطريق، ويتعرض بعضهم للمرض لعدم توافر المستشفيات لمراجعتها، فكان المريض منهم يتألم كثيرًا ولا يحصل على دواء، لذا كانت القافلة تستعد للحج بالأكفان وأدوات تجهيز الموتى من الطيب والسدر وأدوات حفر القبور، وفي أي موقع تحدث الوفاة لأحدهم يجري تجهيزه بالغسل والتكفين ثم دفنه، وبعد ذلك تواصل الرحلة سيرها سواء كانت ذهابا إلى مكة أو العودة بعد انتهاء فريضة الحج، ولا يعلم أهل الحجاج ما حصل لهم في رحلة الحج لعدم توافر وسائل الاتصالات.

---

(١) انظر دليل الخليج.ج.ج.لوريمر ، القسم الجغرافي ، طبعة جديدة ، ج٥، ص ١٦٣٧و١٦٣٨.

(٢) صحراء الدهناء هي صحراء رملية حمراء في الجزيرة العربية تمتد من النفود شمالًا إلى الربع الخالي، وهي عبارة عن شريط رملي ضيق يتراوح عرضه ما بين ٤٠ و٨٠ كم ، ويمتد على شكل قوس من الشمال إلى الجنوب لمسافة تزيد على ١٠٠٠ كم بمحاذاة جبل طويق. وتصل صحراء الدهناء بين صحراء النفود الكبير في شمال الجزيرة وصحراء الربع الخالي في جنوبها، كما تشكل عند الكثير من الجغرافيين الحد الفاصل بين إقليمي نجد والأحساء، وتتشكل الدهناء من كثبان رملية عالية تمتد بشكل طولي وتسمى «عروقًا»،وتصطدم بها أودية نجد لتشكل بعد هطول الأمطار تجمعات مائية تتحول بعد جفاف مائها إلى روضات غناء كروضة التنهات وروضة خريم.

(٣) الصُّمَّان هي هضبة مستطيلة تقع في شرق شبه الجزيرة العربية وتمتد الهضبة من الربع الخالي جنوبًا حتى الحدود العراقية شمالًا وذلك بطول ١٠٠٠ كيلو متر تقريبًا ويتراوح عرضها بين ٨٠ إلى ٢٥٠ كيلو مترًا تقريبًا، ويبلغ ارتفاع الهضبة ما بين ٢٥ مترًا عند حافتها الشرقية و٤٠٠ متر عند حافتها الغربية ويحدها من الغرب الدهناء ومن الشرق السهل الساحلي للخليج العربي، ويسمى القسم الجنوبي من الصمان بالصلب والشمالي بالصمان وغالبًا مايقع الخلط بينهما.

ويقول الشيخ ثاني بن خالد:

«إنهم حجوا (١٩٦٦م)، في سيارات شيفر وكابرس حمراء، وكان مع الوالد سيارة مرسيدس، وللنساء سيارة شيفر، ولوري ماركة فورد، وكان معنا بعض نسوان من العلي والباكر، مشينا في الصباح من الدوحة إلى سلوى ولحق بنا في الطريق مطوع، ثم تجمعنا تحت النخيل في سلوى، وذهب معنا المودِّعوَن إلى سلوى، وأذكر أن محمد بن راشد العسيري قد جاء لتوديعنا وناسًا آخرين لا أذكر أسماءهم، وعادوا عندما عزمنا على دخول منطقة التفتيش وأذكر أننا ضيعنا البطاقات الصحية، وكادوا يمنعوننا من الدخول، ولكنهم تفهموا ذلك ووافقوا على دخولنا، لنبدأ المسير إلى الهفوف، ثم نستريح فيها ثم نواصل المسير حتى نصل خريص[1]، وفي أثناء الطريق كنا نتوقف للاستراحة وتناول الفطور، وأحيانًا نصلح السيارات، فهذا الطريق كثيرًا ما يتعرض لعواصف رملية بسبب تقلبات الحالة الجوية، وفي الرياض جلسنا ثلاثة أيام، تزودنا بالطعام والذبائح والحطب وغيره من مؤن، وأصلحنا السيارات ومن الرياض ذهبنا إلى مكة».

ويقول يوسف أحمد (١٩٧٠م):

«كانت استراحتنا في الحسا استأجرنا منزلًا قديمًا من الطين، كانت الأجرة ريالًا واحدًا للغرفة؛ حيث سكنت النساء في غرفة، وسكن الرجال في غرفة، وأذكر أن المقاول كان اسمه إرحمة الحساوي، الذي قام بالذبح لنا، وقام الرجال بالطبخ، وأذكر شكل القدور والنار وكيف كانوا يطبخون بهمة ونشاط، وكان معنا رجل مسن كان يحفظ الكثير من الشعر، فكنا نستمع إليه وهو يروي لنا من شعره، وكان يرتجل، وكنت معجبًا بطريقته في الإلقاء وكنت أكتب بعضًا من شعره في دفتري الخاص ولا زلت أحتفظ به».

---

(١) خريص: تقع بين مدينة الهفوف ومدينة الرياض تبعد عن الهفوف ١٦٠ كيلومترًا وعن الرياض ١٥٠ كيلومترًا.

وفيما يلي بيان بالمسافات بين الدوحة وكل من مكة المكرمة والمدينة المنورة (بالكيلومتر) حسب المسارات الحالية[1]:

طريق مكة المكرمة من الدوحة إلى:	المسافة	طريق المدينة المنورة من الدوحة إلى:	المسافة
سلوى	١٠٣	سلوى	١٠٣
الهفوف	٢٥٩	الهفوف	٢٥٩
خريص	٤٢٤	خريص	٤٢٤
الرياض	٥٨٧	الرياض	٥٨٧
المزاحمية	٦٤٣	عشيرة	٧١٨
القويعية	٧٦٧	بريدة	٩١٧
الرويضة	٨٢١	عقلة الصقور	١١١١
حلبان	٨٦٦	الحناكية	١٣٢٩
ظلم	١١٢٥	الصويدرة	١٣٦٦
الموية	١١٧٩	المدينة المنورة	١٤٣٥
الطائف	١٣٦٩		
مكة المكرمة	١٤٥٧		

طريق الحسا - مكة:

لقد كان طريق الحسا[2] هو الطريق الذي تسلكه جموع حجاج نجد؛ حيث تحتشد الجموع لتخرج متجهة نحو (جود) ومنها إلى (غسان) ثم (دهنا) وبعدها (دحلمي) ثم تتجه القافلة إلى (جبل أبو غراب) فـ (ملهم) ثم (جعر) و(ربض) ثم (الدرعية) فـ (الحيسية) و(مرات) وبعدها (الشعرا) ثم (جنايح) ومن هناك إلى (مرقب) وبعدها (مخنا) ثم (عبل)، ومن هناك

---

(١) التقويم القطري لعام ١٤٣٤هـ - ٢٠١٢/٢٠١٣م، ص ٢٠١.

(٢) الأحساء واحة كبيرة وهي أكبر واحة نخيل عربية، إنها مساحات هائلة من النخيل ويربو عدد نخيلها على ٣ ملايين نخلة، وهي مترامية الأطراف تحيط بها الرمال من جهاتها الأربع.

مروراً بـ(ذكية)، حتى السيل الكبير. حيث مكان إحرام سكان نجد ومن أتى عليها، فساحة الكعبة المشرفة[1].

ولقد ذكر لي يوسف أحمد أنهم سلكوا طريق الطائف، مروراً بالهدا إلى مكة ثم المدينة المنورة.

المعروف أنه توجد عدة طرق من الطائف إلى المدينة، وكل مسافر له رغباته الخاصة هنالك طريق من الطائف عن طريق الهدا لمكة ثم المدينة المنورة وهنالك طريق من الطائف إلى مكة عن طريق السيل تفرق لطريق الجموم قبل مكة ومعه لطريق المدينة، وهنالك طريق من الطائف لمكة عن طريق السيل ولكن تواصل إلى مكة ومنها تسلك طريق المدينة المنورة، وهنالك طريق من الطائف على طريق الرياض للمهد ثم المدينة المنورة.

---

(١) انظر: أيوب صبري باشا، مرآة جزيرة العرب، دار الآفاق العربية - القاهرة، ط١، ص ١٩٠.

الحج بالمطايا

ظل الحج على المطايا هو الوسيلة الممكنة لأبناء قطر حتى بداية الثلاثينيات من القرن العشرين، من الدوحة إلى سلوى إلى الهفوف، والأحساء، والرياض، ثم مكة، والعودة من الطريق نفسه.

هذه القوافل كانت تضم جموعًا مختلفة؛ ففيها الشيوخ، والأثرياء، والتجار، والفقراء والمعدمون من الدراويش، وكان كلٌّ حسب قدرته يرافق القافلة، ففيها الهودج وفيها الجمال، وفيها المرافقون من البدو والحرس والملتحقين بهم.

وكان الحج برًا، وعبر طرق غير ممهدة، من رمال وحصى في الطريق، ومتعرجة، مما يترتب عليه سفر لفترات طويلة على ظهور الجمال، وتفضل الإبل لقدرتها على التكيف والعيش في الصحراء وتحملها للعطش والجوع والقدرة على أكل الشجيرات المتوفرة في الصحراء ولو بها أشواك، بالإضافة لقوة بنيتها وتحملها للأحمال الثقيلة، كما أن سيقانها الطويلة وخفها (بطن القدم) يساعدها على اجتياز الصحاري الصخرية والرملية، لذلك أطلقوا عليها «سفينة الصحراء»، وكانت هذه الإبل منها ما يركب، وهي تمتاز بخفة الحركة والرشاقة، كما تمتاز بتحملها لمشاق الطريق، ومنها ما يستخدم في الحمل وتمتاز هذه الإبل بالقوة الجسمانية وتحملها للأحمال الثقيلة وتحملها للعطش لمدة ٣ أيام متواصلة ولذلك استخدمت للأحمال.

وقد كان بعض الناس يقومون باستئجار الجمال لحمل مهمات القافلة، ويتعاقدون على ذلك قبل موسم الحج بوقت كافٍ، ويتفقون مع البدو الذين يعيشون في المناطق التي تسلكها القوافل، لتأمين طريقهم.

وينقل لنا الدكتور يوسف عبيدان[١] رواية أحد المعمرين ممن حجوا بالجمال، وكان ذلك في الثلاثينيات تقريبًا من القرن العشرين؛ حيث يقول واصفًا هذه الرحلة:

كانت مع المقاول المرحوم جلمود فقد كان عنده مطايا وجمال لنقل الحجاج من قطر، وقد كانت الأجرة لكل حاج مائة روبية (العملة المستخدمة يومئذ)[٢] بكامل تكاليف هذه

---

(١) رحلة الحج في الماضي، مجلة الجسرة، العدد ١٨ (يناير ٢٠٠٧) نادي الجسرة الثقافي والاجتماعي، الدوحة، ص ٧٤و٧٥.

(٢) كانت الروبية الهندية تصك في الهند تحت الرعاية البريطانية وعليها صورة ملكة بريطانيا.

الرحلة الطويلة وكان معهم عدد من أهالي قطر رجالًا ونساءً قطعوا المسافة من الدوحة إلى الأحساء في أربعة أيام تقريبًا مع التوقف والاستراحة، وواصلوا سيرهم إلى الرياض ثم مكة، وكانت القافلة تتكون من عدد من الجمال محملة بالماء والزاد، وكانوا يطبخون في الطريق. ويستدفئون بنار الطبيخ فقد صادف حجهم وقت الشتاء .وبعد الحج عادوا إلى البلاد سالمين واستغرقت عودتهم نفس ما استغرقت فترة ذهابهم.

الشيخ عبد الله بن محمد بن جاسم آل ثاني
(مارس ٢٠١١م)

يروي الشيخ عبد الله بن محمد بن جاسم آل ثاني[١] عن رحلته للحج وكانت في نهاية الأربعينيات قائلًا:

كنا نحج على المطايا، رجالًا ونساءً، وكان النساء يركبن داخل محمل (هودج) يوضع على ظهر الجمل، وتتحرك القافلة بعد أن يتجمع أهل قطر وتسير القوافل متلاحقة، يتقدمنا الأدلاء (جمع دليل)، وهو العارف بالطرق وعلاماتها ويستطيع تحديد الطريق بالنجوم أو القمر والجدي وسهيل والثريا[٢] ومعرفة الاتجاه والزمن وقد يتخذ من هذا الدليل إحدى الذرائع لاتقاء شر قطاع الطرق خصوصًا ما قبل فترة توحيد البلاد.

كما كان معنا أيضًا حرس ومرافقون، نبدأ المسير ليلًا ونتوقف في الطريق للصلاة والراحة، في بعض الأحيان كان يستوقفنا بعض البدو في أثناء الطريق فنعرفهم بأنفسنا ومن أين نحن وإلى أين وجهتنا، لذلك كان علينا أن نستأجر معنا من كل قبيلة فرداً نصطحبه في الرحلة، حتى إذا مررنا بمناطق نفوذ قبيلة من القبائل يخرج إلينا فرد منها، ويسألون من معكم فيخبرهم الدليل فيعطوننا الأمان، ونستكمل المسير، وكان من عادتنا أن نحمل معنا

(١) ولد الشيخ عبد الله عام ١٩٢٢م، انظر مذكرات والده محمد بن جاسم غير منشورة «مولد الولد عبد الله بن محمد ولدي في ٩ ربيع الثاني (١٣٤١هـ/ ٢٨ نوفمبر ١٩٢٢م)». توفي يوم الثلاثاء ٢٤ مارس ٢٠١٥م

(٢) يتميز أبناء الخليج بمعرفتهم بمواقع النجوم في السماء للاهتداء بها في سفرهم سواء في البر أو البحر، ومن خلال معرفتهم بموقع كل نجم في السماء؛ ولا سيما النجوم الثابتة الظاهرة تمكنوا من أن يعرفوا الجهات الأربع، ومن ثم الاهتداء بها في سيرهم وبالتالي ابتعادهم عن خطر الضياع في الصحراء أو في البحر.

هدايا لإعطائها لهم، ليساعدونا على متابعة الطريق إلى الأراضي الحجازية، فيقومون بحمايتنا من أي أذى قد نتعرض له من غارات قطاع الطرق، وفي أثناء المسير كان بعض الرجال يرددون شعرًا «يهجنون»[1] وينشدون.

الهودج

وعندما نصل الرياض كنا ننزل ضيوفًا على الملك عبد العزيز، الذي كان يحسن استقبالنا ويقيم لنا مأدبة عشاء تعبيرًا عن إكرامنا، ونسلم عليه وننقل له سلام شيوخ قطر، ويعطينا المطايا، وفيما بعد كان يعطينا السيارات، وبعد أن يكرم وفادتنا وننتهي من عزومات وجهاء الرياض، نستأذن من الملك لمواصلة المسير.

كانت رحلة الحج بمجملها تستغرق مدة طويلة تمتد إلى بضعة أشهر في الذهاب والإياب، وفي حالة التعجل كانت تقتصر على شهرين أو ثلاثة أشهر، وعلى الرغم مما كنا نواجهه من مصاعب إلا أن كل ذلك ننساه عندما نصل إلى الأماكن المقدسة، ونلتقي مع إخوة مسلمين جاء بعضهم من أماكن نائية راجلًا، فقد كان الكثير من إخواننا من الهنود والعجم يأتون إلى الحج مشيًا على الأقدام.

إن السبل لم تكن ميسرة وسهلة في الماضي لبلوغ الحج بينما هي اليوم بخلاف ذلك، ولا شك في أن كثيرًا من المصاعب تكتنف الحاج في طريقه إلى الأماكن المقدسة لعل من أهمها

(١) من هجن بمعنى جمع فيها بين الأسلوب الروائي والشعري.

عدم توفر الأمن وهو الهاجس الأكبر لدى الحجاج. ويليه الزاد والمؤن اللازمة من الشراب والطعام.

ومن أشهر من حج على الأبل من قطر الشيخ علي بن جاسم آل ثاني وأبناؤه، وكان ذلك عام ١٣٤٦هـ، وكان بمعيته الوجيه الشيخ قاسم الدرويش(١).

الشيخ علي بن جاسم آل ثاني

ثم حج مرة ثانية مع أولاده وأتباعه في قافلة عددها ستون مطية سنة ١٩٢٤م، ثم حج في السيارات إحدى عشر حجة، كما أدى سبعة عشر عمرة.

ويذكر لي الشيخ ثاني بن خالد بن ثاني، «أن جده ثاني بن جاسم، حج في العام ١٩٣٥م، وكان مسنًّا (٢)، فكتب وصيته، وجاء أخوه الشيخ عبد الله بن جاسم، ليودعه وخشي عليه ألا يرجع من الحج، وحدث في هذا العام أن تعرض الملك عبد العزيز لمحاولة اغتيال قام بها أربعة يمنيين بينما هو يطوف طواف الإفاضة في ١٠ ذي الحجة ١٣٥٣هـ/ ١٦ ديسمبر ١٩٣٥م، وكان ابنه سعود خلفه في ذلك الوقت، وقام بافتداء نفسه لإنقاذ حياة أبيه، وعرَّض نفسه للموت بدلًا عنه، وتعد هذه التضحية مضربًا للمثل في الحب والتفاني من ابن لأبيه، وقد ذكر شهود العيان بأن سعود قد رمى بنفسه فوق أبيه حمايةً له، وتلقى الطعنات في كتفه وظهره.

وعندما عرف الجد ثاني بهذا الحادث ذهب إلى الملك عبد العزيز ليسلم عليه ويسأل عن صحته، وكان في مجلسه بشر كثير من الحجيج الذين فزعوا للاطمئنان عليه، ولقد أتم الجد ثاني الفريضة، وكانت عودته من الحج في هذا العام حدثًا عظيمًا في قطر، ولقد حرص حاكم البحرين وكانت تربطه بالشيخ ثاني علاقة محبة أن يسأل عنه، للاطمئنان عليه».

---

(١) عمر تهاني: صفحات مضيئة من حياة الوجيه الشيخ قاسم بن درويش فخرو، الدوحة: مركز شباب برزان، ٢٠١٣، ص ٧٢.

(٢) توفي الشيخ ثاني بن جاسم في ١١ شوال سنة ١٣٦٦هـ/ ٢٨ الخميس أغسطس ١٩٤٧م. ويقال إنه ذهب لزيارة ابنته حمدة زوجة الشيخ علي بن عبد الله، وكان عندها ثلاجة، ومن شدة الحر قدمت له ماءً وكان مثلجًا وعندما شربه أخذ يسعل، وتوفي متأثرًا به، ودفن في مقبرة الغرافة.

الحج بالسفن

الحج بحرًا:

على الرغم من أن شبه جزيرة قطر تشكل امتدادًا جغرافيًا لأراضي شبه الجزيرة العربية، إلا أن الطريق البري الذي يصلها بالأماكن المقدسة، كان شاقًا وعسيرًا، فقد كانت معظم الطرق المؤدية إلى مكة والمدينة غير معبدة، كما كانت الأجواء المناخية في الجزيرة العربية في وضع شديد الصعوبة، خاصة في أشهر الصيف حيث الحرارة المرتفعة والرطوبة المرتفعة ونضوب مياه الآبار التي يرتادونها تشكل جميعها صعوبات بالغة.

فقد كان عبور صحراء الجافورة(1) إلى الأحساء محفوفًا بالمخاطر؛ فهي صحراء واسعة جدًا، رملية صعبة المسالك، ولغزارة رملها يصعب السير فيها.

وفي حالات افتقاد الأمن في الطريق البري لسبب أو لآخر كاندلاع الحروب بين القبائل، كان أهل الخليج يحجون عن طريق البحر في بواخر (محمل)(2).

تبحر إلى بومبي مرورًا ببو شهر والبحرين وقطر ودبي وبندر عباس ومسقط وكراتشي، ومدة الرحلة إلى بومبي عشرة أيام ثم الإقامة أكثر من أسبوع بانتظار السفن المغادرة إلى ميناء جدة، والتي تمر في طريقها بعُمان ثم المكلا وعدن وبربرة في الساحل الأفريقي، وأخيرًا تصل إلى جدة وتستغرق هذه الرحلة عشرة أيام، وكثيرًا ما يحصل لهم من غثيان وأمراض لم يعرفوها من قبل.

ولقد روى لي عبد الرحمن المسلماني: «أن والده عبد الله بن جاسم بن محمد المسلماني ومعه عدد من أهل قطر، قد حجوا عام ١٣٣٢هـ/ ١٩١٣م بالبحر؛ حيث استقلوا لانش

---

(١) الجافورة: بضم الفاء، وتحد الجافورة من الغرب بمنطقة الأحساء فمرتفعات الأغوار فبرقاء الضمران فواحة يبرين والخن الواقعة في طرفها الجنوبي الغربي أما من الشرق فتتصل برمال الربع الخالي ويحدها شمالا ساحل البحر الممتد من جنوب العقير.

(٢) قد تكون من نوع «البغلة». وهي من السفن القديمة الكبيرة الحجم تستعمل للتنقل بين موانى الخليج العربي والهند وباكستان وتمتاز بمؤخرتها العريضة حمولتها ما بين / ١٥٠ / إلى / ٤٠٠ / طن. وأصل هذا المركب لا يزال مجهولا حيث لا توجد أدلة على وجود البغلة قبل القرن التاسع عشر إلا أن بعض المؤرخين يرى أن العرب اقتبسوا تصميم هذا المركب عن السفن البرتغالية الضخمة التي يرجع تاريخ إبحارها في مياه الخليج إلى ما يقرب من / ٤٠٠ / سنة.

من الدوحة إلى البحرين، ومنها استقلوا مركبًا كبيرًا توجه بهم إلى مواني الخليج ومنها إلى كراتشي[١] وبومبي في الهند، وخلال رحلته تلك يصطحب الحجيج ليعود بهم إلى بحر العرب ومنها إلى البحر الأحمر إلى أن يصلوا ميناء جدة، حيث يكون في استقبالهم مندوب عن شريف مكة ليرحب بهم ويسلم عليهم».

كما حج الشيخ عبد الله بن إبراهيم الأنصاري وهو في الثالثة والعشرين من عمره أي في عام ١٣٥٨هـ (١٩٣٩) برحلته إلى مكة لأداء فريضة الحج، فغادر مدينة الخور مع مجموعة من أبناء قطر على متن سفينة متوجهة إلى مدينة الخبر بالمنطقة الشرقية، ومنها استأجروا اللوري الذي نقلهم إلى مكة.

وكانت الرحلة في ذلك الوقت شاقة ومحفوفة بالمخاطر إضافة إلى الحر والشمس وتعب الجلوس في اللوري، وكان السفر يستغرق من الخبر إلى الرياض ٦ أيام ومن الرياض إلى «بيار علي» ٨ أيام.

ويروي الشيخ جاسم بن ثاني بن جاسم[٢] عن أبيه ثاني بن جاسم ذكريات رحلته للحج حوالي عام ١٨٧٤، حيث حج في هذا العام الشيخ ثاني والشيخ خليفة ابنا الشيخ جاسم بن محمد بن ثاني، وربما كان الشيخ جاسم نفسه يرغب في الحج هذا العام، ولكنه عدل عن ذلك لأسباب تتعلق بأمور تهم إدارة البلاد آنذاك، وهو ما أشارت إليه بعض الوثائق البريطانية، إذ جاء في رسالة أحمد آغا الوكيل في البحرين إلى المقيم البريطاني بتاريخ ٨ ديسمبر من عام ١٨٧٤م، يخبره باعتزام جاسم الذهاب إلى مكة برًّا من أجل الحج[٣]، بينما أشار في رسالة مؤرخة في ١٢ ديسمبر ١٨٧٤م، بأنه عدل عن نيته الذهاب إلى مكة[٤]، وما يؤكد ذلك ما رواه ابنه ثاني بأن والدهما الشيخ جاسم جاءهما ليودعهما في الميناء، وكان معهما حرس وخدم منهم رجل يدعى عيلان أبو تاكي كان يعمل لديهم بأجر، لكي يعتني بهما إذا

---

(١) كراتشي: ميناء باكستاني مهم يقع على ساحل بحر العرب، شمال غرب دلتا نهر إندوس (نهر سند كما يقال في اللغة الأردية).

(٢) الشيخ جاسم بن ثاني بن جاسم بن محمد بن ثاني (١٩١٧ - ٢٠١٤) في مقابلة تمت معه يوم ٢٣ مارس ٢٠١١.

(3) From Ahmed Agha To Residence - L /P&S /9 /25 p. 657 .(No: 170)

(4) From Ahmed Agha To Residence - L /P&S /9 /25 p.662 .(No: 176)

ما أُصيب أحدهما بمرض الجدري الذي كان شائعًا آنذاك، فالمعروف عندما يصاب إنسان بالجدري، ويشفى تحدث له حصانة، فلا يصاب ثانية، لذلك اصطحبوه معهما حتى إذا ما أُصيب أحدهما يقوم عيلان برعايته والسهر عليه.

الشيخ جاسم بن ثاني بن جاسم آل ثاني ومعه المؤلف (يناير ٢٠٠٥)

وفي عام ١٢٩١هـ (١٨٧٤م) حج من قطر جبران بن محمد بن بحر وولده بحر بن جبران بن محمد بن بحر البوعينين، ومعهما إبراهيم بن سالم المعاضيد. ومعهم حوالي خمسين حاجًّا من أهل الدوحة، وغرقت مركبهم ومات جميعهم، وكانت مركبهم من نوع البوم[١].

ويضيف الشيخ جاسم بن ثاني: وحجت عمة الوالد عائشة بنت محمد بن ثاني، أخت جدي الشيخ جاسم بن محمد، في محمل (سفينة) آخر كان مخصصًا للنساء، وكانت مريضة، وازداد عليها المرض في أثناء السفر وتوفيت في الطريق، وربما تم دفنها في جزيرة سوقطرة اليمنية، بينما كان المعتاد أن يلقى بالمتوفى في مياه البحر، ولكن شاء الله أن يكونوا بالقرب من الجزيرة، عمومًا فإن هذه الرحلة كانت محفوفة بالمخاطر من جراء أهوال البحر الأحمر عندما كانت تهب عليهم الرياح فتتقاذفهم الأمواج العاتية.

---

(١) نقلًا عن أحمد بن غنام البوعينين عن مذكرات الشيخ حسن بن عبد الله بن جاسم، المعروف أن جبران بن محمد بن بحر البوعينين، هو جد الشيخ حسن بن عبد الله بن جاسم لأمه.

وعندما وصلوا إلى الأراضي الحجازية توجهوا للسلام على شريف مكة (عون الرفيق)[١]، وأخبروه بأنهم من قطر، وجاءوا عن طريق البحر، وسيعودون عن طريق البر، ونصحهم بشراء ناقة سمينة لها سنام لأن بلادهم بعيدة فتتحمل العطش. واستأذنوا لتأدية الشعائر مع رفقائهم.

عون الرفيق تصوير سنوكهروجرونية ١٨٨٥م

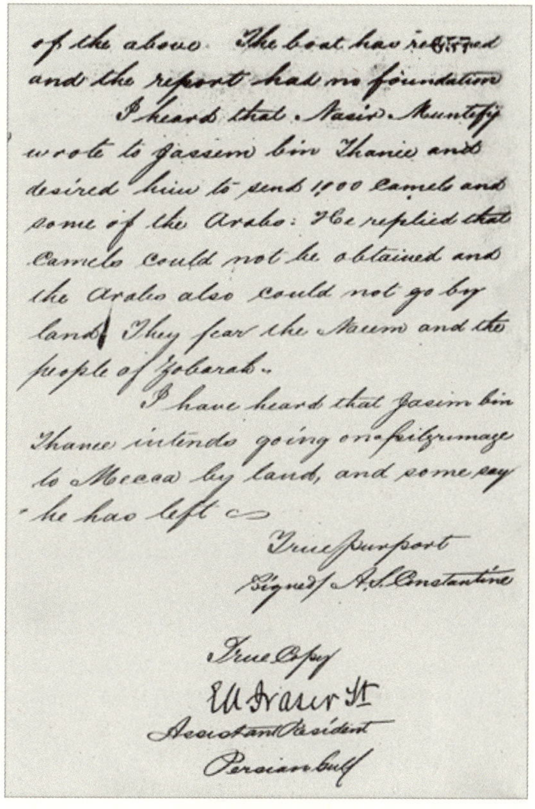

of the above. The boat has returned
and the report had no foundation
I heard that Nasir Muntefiq
wrote to Jassem bin Thanie and
desired him to send 1,900 camels and
some of the Arabs: He replied that
Camels could not be obtained and
the Arabs also could not go by
land. They fear the Naeem and the
people of Zobarah.
I have heard that Jasim bin
Thanee intends going on pilgrimage
to Mecca by land, and some say
he has left &c
True Purport
Signed/ A.S. Constantine
True Copy
E.A. Fraser Lt
Assistant Resident
Persian Gulf

L/P&S/9/25 p.657. (No: 170)

فخيموا «بمنى»، ومن ثم الذهاب إلى «عرفة»، حيث يجلسون في العراء، فلا خيام ولا منازل تؤويهم فالأرض فراشهم والسماء لحافهم، بعد ذلك يبيتون في «مزدلفة»، وإذا أصبحوا ذهبوا إلى «منى» لرمي «جمرة العقبة» ونحر الهدي، وكانت قيمة الهدي آنذاك «ثلاثة ريالات» فيأكل الحجيج من هديهم، وبعد إتمام الحج يعمد الحجاج إلى تجفيف اللحوم

(١) الشريف عون الرفيق باشا بن محمد بن عبد المعين بنو عون، كان حازمًا عاقلًا، وطّد الأمن إلى درجة لم يسبق مثلها في الحجاز.

المتبقية من لحوم الهدي، وذلك بتشريح اللحوم وإضافة الملح إليها ليبعد الماء ويسرع في تجفيفه، ويسمى اللحم المجفف «القفر» فيأكلونه في طريق العودة، وقد يتبقى قليل منه ليأكله العائدون إلى ديارهم مع أهاليهم ويكون له طعم ومذاق خاص لا ينسى.

ويستكمل الشيخ جاسم روايته عن والده الشيخ ثاني بن جاسم:

وبعد أن أتموا شعائر الحج، اشتروا الإبل، وغادروا مكة إلى الرياض حتى وصلوا عند سعود بن فيصل، الذي أكرم وفادتهم وأهداهم فرسين «الوذنة والحرقة» وترددا في البداية في أخذهما ولكنه أصر عليهما، فأخذوهما كما أعطاهما رمحًا مريوشًا (مريشًا) يعلوه ريش نعام، وعرض عليهما أن يمدهما برجال لحمايتهم في الطريق ونصحهما إذا أخذوا معهم رجالًا للحماية أن يأخذوا من آل حسن من الدواسر، ومضوا إلى أن وصلوا إلى بئر ماء معروف بماء «أبو جفان»[1] شمال مفازة الدهناء وبها مجموعة آبار من ١٥ بئرًا بها ماء حلو غزير[2].

وأكملوا مسيرهم إلى أن وصلوا محلًّا للعجمان عند ليل المتلقم[3] وهو من شيوخ قبيلة العجمان فأكرم وفادتهما وذبح لهما ولمن معهما ذبائح، وأخذ من دم الذبائح بكفه ووضعه على رقاب المطايا، وعندما قالوا له لماذا تفعل ذلك قال لهم:

«أريدكم إذا مررتم على أحد يعرف أن لكم كرامة فيكرمكم».

لقد واجهت رحلةُ تنقلات الحجاج خلال تلك الفترة الكثير من المتاعب والصعوبات؛ حيث كانوا يتنقلون عبر الطرق البرية مرتحلين فوق (الجمال والحمير والبغال).

---

(١) مورد ماء قديم من الموارد التي تردها البادية في منطقة العرمة الجنوبية ويرده المسافرون من الرياض إلى الأحساء.

(٢) انظر: دليل الخليج. ج. ج. لوريمر، القسم الجغرافي، طبعة جديدة، ج٥، ص ١٦٣٧م.

(٣) ليل المتلقم من شيوخ قبيلة العجمان وفرسانها المشهورين، خاض حروبًا ضد تركي بن عبد الله بن سعود.

الصعود إلى عرفات

صورة للحرم المكي حوالي عام ١٩٥٠م

أمن الطريق:

كانت شبه الجزيرة العربية قبل توحيدها على يد الملك عبد العزيز بن عبد الرحمن آل سعود (رحمه الله) عبارة عن قبائل ومشيخات متنافرة تسودها الفوضى، ولا يأمن الناس فيها على أموالهم وأنفسهم لكثرة السلب والنهب والسرقة وقطع الطريق، وكان أعظم المتضررين من فقدان الأمن في شبه الجزيرة العربية هم حجاج بيت الله الحرام؛ فقد كانوا عرضة لقطاع الطرق وغارات القبائل التي تمر قوافلهم بها.

فقد كان الحجاج يأتون إلى الأراضي المقدسة إما عن طريق البر، أو عن طريق البحر، فأما الذين يأتون عن طريق البحر فيصل بعضهم إلى جدة، ومنها يتجهون إلى مكة المكرمة، إما سيرًا على الأقدام أو ركوبًا على الجمال والبغال والحمير والخيل، ثم يتجهون إلى المدينة المنورة لزيارة مسجد الرسول ﷺ بعد أدائهم فريضة الحج.

أما البعض الآخر منهم فيصلون إلى ينبع، ويتوجهون منها إلى المدينة المنورة لزيارة المسجد النبوي الشريف، ومنها إلى مكة المكرمة لأداء فريضة الحج.

وكانت هذه بالإضافة إلى أنها طرق غير معبدة ومملوءة بمتاعب ومشكلاتٍ كثيرةٍ، فإنها كانت تفتقد لمقومات الأمن .

وقد تعددت مصادر تلك المتاعب والمشكلات في الطريق؛ فمنها ما يقاسيه الحاج من الجمالة أنفسهم، ومنها ما يقاسيه من البدو، ومنها ما ألقته الظروف الطبيعية في وجهه من الحرِّ وندرة الماء ووعورة الطريق[١].

وكان الحجاج يسلكون بين جدة ومكة طريقًا واحدًا، وأما سيرهم من مكة المكرمة إلى المدينة المنورة أو من المدينة المنورة إلى مكة فكان في واحد من أربعة طرق[٢]. والحجاج الذين يأتون عن طريق ينبع كانوا يسيرون منها إلى المدينة في أحد طريقين يؤديان إليها.

وكان الطريق بين جدة ومكة عبارة عن وادٍ رملي إلا في موضعين منه؛ إذ يوجد حصى بين صغير وكبير، ولكن ذلك لا يشغل من الطريق إلا حوالي نصف ميل، وقبيل مكة بنحو أربعة أميال كان يوجد مدرج حجري مرتفع قليلًا، ثم بعده يستوي الطريق وتكثر فيه التعريجات حتى يخيل إلى الناظر أن الطريق مسدود لاقتراب الجبال المواجهة. والوادي تحفه من الجانبين الجبال والتلال التي تتقارب تارة، فيضيق الوادي، وتارة أخرى تتباعد، فيتسع، وفي الطريق بضع عشرة مقهى لراحة الحجاج، وتقديم الشاي والقهوة لهم مع وجود بعض القلاع التي كانت تحوي الحاميات العسكرية لحماية الطريق والحجاج والمسافرين من اعتداءات القبائل،

---

(١) رفعت، إبراهيم: مرآة الحرمين أو الرحلات الحجازية والحج ومشاعره الدينية، طبعة أوفست، دون ت، م ج٢ ص ٢٥٦.

(٢) البتنوني، محمد لبيب: الرحلة الحجازية، مكتبة الثقافة الدينية، القاهرة ١٤١٥هـ/ ١٩٩٥م، ص ٢٦٩.

وعندما يصل الطريق إلى بحرة يتفرع منها طريق آخر إلى مكة يسير نحو الجنوب الشرقي يقال إنه أقرب وأسهل من الطريق الشمالي الذي يسلكه أغلب الحجاج، وينتهي الطريق في المحطة الأخيرة التي كانت تعرف بقهوة المعلم بجرول، وهي المحطة السابعة عشرة من جدة إلى مكة، وهنا كان ينتظر المطوفون الحجاج لاستقبالهم[١].

وتسير القوافل المتجهة من مكة المكرمة إلى المدينة المنورة في واحد من أربعة طرق بحسب تبعية المقوم والجمالة، و هذه الطرق هي: الطريق السلطاني، الطريق الفرعي، طريق الغاير، الطريق الشرقي[٢].

ويصف الكاتب والمؤرخ أمين الريحاني[٣] تحول الحالة في جزيرة العرب من الخوف والظلم والنهب والسرقة إلى الأمن والرخاء في تلك الفترة فيقول: «إذا كان العدل أساس الملك، فالأمن أول مظهر من مظاهر العدل».

ويؤكد كلامه بقوله: «إن المسافرين من قُطر إلى قُطر، وفي القوافل تسير أربعين يومًا في ملك ابن سعود من طرفٍ إلى طرفٍ، من القطيف مثلا إلى أبها، ومن وادي الدواسر إلى وادي السرحان، دون أن يتعرض لها أحد من البدو أو الحضر».

ويضيف قائلًا: «إن القلاع التي بناها الترك في الطريق إلى الحسا هي اليوم مهجورة متهدمة، فالقوافل تسير ثمانمائة ميل شرقًا وغربًا ومثلها جنوبًا وشمالاً في ملك ابن سعود، وهي تدعو له بطول العمر وشكر الله».

وإجمالًا فإن السفر في حد ذاته كان يشكل خلال القرون الماضية، وحتى ثلاثينيات القرن العشرين، وقبل أن يوحد الملك عبد العزيز المملكة، مخاطرة كبرى، فضلًا عما كان يتعرض له الحجيج من نهب للمال ولمقتنياتهم، وتعرضهم في بعض الأحوال إلى القتل من قبل قطاع الطرق الذين كانوا يفرضون إتاوات على قوافل الحج ولا تأخذهم بهم رحمة أو شفقة.

---

(١) رفعت، إبراهيم: مرآة الحرمين أو الرحلات الحجازية والحج ومشاعره الدينية، طبعة أوفست، دون ت، ص٢٤ـ ٢٥.

(٢) البتنوني: المصدر السابق، ص٢٦٩.

(٣) أمين الريحاني: ملوك العرب. رحلة في البلاد العربية، دار الجيل - بيروت، الطبعة الثامنة - ١٩٨٧ م.ص ٤٢٠-٤٥٣.

الحج بالسيارات

الحج بالسيارات:

يعد ماجد بن سعد آل سعد البوكوارة من أهل الوكرة (المتوفى عام ١٩٣٦م) من أوائل من حج بالسيارة، ففي أوائل الثلاثينيات اشترى ثلاث سيارات من البحرين وجلبها إلى الوكرة وذهب فيها مع أهله وجماعته إلى الحج، وبعد رجوعه أهدى سيارتين لأصدقائه وأبقى سيارة واحدة من نوع «البيك أب»(١).

ومع ذلك استمرت المصاعب والمشاق، ولكن بطريقة مختلفة، نتيجة عدم وجود الطرق المعبدة المليئة بالأتربة والتي كثيرًا ما كانت تعيق الرحلة، لذلك فإن سلامة السيارة كان من أهم ما يتم التأكيد عليه، لأن أي عطل في السيارة في الصحراء سوف يعرض المسافر للخطر وخاصة من قطاع الطرق الذين كنا نسمع عنهم أنهم يهاجمون القوافل ويسلبونها، وكذلك يجب الاحتياط وتوفير كميات كبيرة من الماء للاستعمال على الطريق.

التجهيز للانطلاق من الدوحة في خمسينيات القرن العشرين

(١) انظر مجلة الريان، العدد ٥٠ (أبريل ٢٠١٢) مقال بعنوان: الوجيه ماجد بن سعد آل سعد، بقلم، عيسى النصر، ص ٢٠.

ومن الرياض يتم تغيير السيارات بسيارات أخرى، وكانت الأجرة خلال الأربعينيات حوالي مائة ريال تقريبًا ويقوم صاحب السيارة بأخذ الحجاج في سيارة تسمى لوري«Laurie » وعادة ما تكون من طابقين حيث يخصص الطابق الأعلى للرجال ويتخذ النساء الطابق الأسفل.

وهذه السيارات تأخذ الركب من مواقع معينة أشهرها «محلة دخنة»، و«محلة سلام» لتنطلق قوافل السيارات بالحجيج، مرورًا بوادي نمار المؤدي إلى جهة «ديراب» ومنها تتجه إلى مكة المكرمة.

وفي ذلك يقول الشيخ جاسم بن ثاني:

«أما عن أول حجة لي أنا، فقد كانت مع والدي ثاني وأخي الأصغر خالد ومجموعة من أهلنا، وكان عمري آنذاك ١٥ عامًا تقريبًا (١٩٣٢م) وكان معنا عدد من المرافقين من أهل قطر.

وعندما وصلنا إلى الرياض قابلنا الملك عبد العزيز آل سعود، وأعطانا سيارات لوري «خشم الجاوة» ماركة شيفر لنحج فيها، كما أعطى والدي «ثاني»سيارة صالون، وفي الطريق تعطلت السيارة فأغاثنا أمير منطقة «رابغ»، وهو من قبيلة «حرب» بالقرب من جدة، وبعد ذلك دعانا إلى منزله، وذبح لنا الذبائح ولا زلت أذكر ثيابه وعليها بقع دم الذبيحة.

ورابغ تقع على شاطئ البحر فيما بين ينبع البحر وجدة، وهي محاطة بالبساتين وأشجار الموز والنخيل، واسترحنا فيها يومًا وشاهدنا العديد من الحجاج القادمين من مصر والشام».

وفي الستينيات من القرن الماضي أذكر أن السيارات كانت تقطع المسافة بين الرياض وصولًا إلى بلاد الحجاز لمدة ثلاثة أيام وربما أكثر حسب وعورة الطريق أو سهولته؛ حيث تتعرض بعض السيارات للأعطال.

بعض الحجيج القطري بعد الإحرام

ويذكر الدكتور يوسف عبيدان: كانت السيارات المستخدمة في الرحلة من قطر من نوع السيارات الكبيرة الحجم تسمى «الدمنتي»[(١)] وهي قوية في حجمها وعجلاتها لتقوى على الصمود ومقاومة الطرق، وكان يملكها صاحب الحملة ويدعى «حمد بن طرجم[(٢)]»، رحمه الله، وقد شاهدنا في هذه الفترة كيف كانت تقف هذه السيارات بالقرب من مصلى العيد بالجسرة ومطارات (حاويات) الماء معلقة عليها ولا يوجد بها كراسي وإنما يجلس الركاب على متنها ويفرش عليها السجاد، ويوضع ساتر بين الرجال

(١) «دمنتي» كلمة باللهجة المحلية مشتقة من أصل الاسم لهذا الطراز وهي دايمند تي (Diamond T)، وهو نوع أو طراز من السيارات كان معروفًا آنذاك ولم يعد له وجود الآن ولعل تلك الشركة انتهت وخرجت من السوق أو اندمجت مع شركة أخرى وتغير اسمها. وهي شاحنة كبيرة وعرفت بقوة تحملها للأحمال الثقيلة وقوة محركها على تحمل شق عباب الطرق الرملية التي كان يضربها في الصحراء ناقلًا تلك الأحمال وكانت الدمنتي مميزة بصوتها القوي الذي يسمع من بعد عدة أميال ولعلها السيارة الأعلى صوتًا بين جميع السيارات وتلك الشاحنة المشهورة ربما أنتجت للاستخدام العسكري واستخدمتها الجيوش وبعد الحرب بيعت للناس كرجيع وربما كان هذا سر قوتها وقوة تحملها للطرق الرملية والوعرة كونها سيارة عسكرية.

(٢) حمد بن طرجم آل عويمر الدوسري.

والنساء ثم جاءت سيارات كبيرة جدًّا على شكل باصات ذات نوع متميز مقاعدها أشبه بمقاعد الطائرة، وكان قوامها عدة سيارات تابعة لشركة العم «صالح الحمد المانع» رحمه الله، وكم كان جميلاً لو كان هناك احتفاظ بهذه السيارات لأنها تعبر عن الماضي التليد، وكان منطلقها من محطتها بالقرب من جسر الجيدة وكراج المانع، حيث لم تكن هناك بعد بنايات أو عمران، فيذهب الناس هناك لتوديع الحجاج واستقبالهم عند سفرهم وعودتهم.

حملات الحج القطرية

أوائل حملات الحج القطرية (القرن العشرين):

الشيخ علي بن عبد الله آل ثاني

كان الشيخ علي بن عبد الله آل ثاني أمير قطر في الفترة من ١٩٤٩-١٩٦٠م أول من فتح مراكز للحجاج، فأقام في طرف الدوحة مكانًا لتجمع الحجاج قبل ذهابهم، وكذلك أقام في طريقهم ما يحتاجونه من مساجد وخدمات كثيرة، وكان يشرف عليها الشيخ عبد الله بن إبراهيم الأنصاري رحمه الله وغيره من المشايخ.

وفي مقابلة أجراها باحثون من مركز أبحاث الحج في جامعة أم القرى عام ١٤٠٧ هـ (١٩٨٧م) مع عدد من القطريين في مركز الحملة بمنى، عن مستوى حملات الحجيج القطرية، أفادوا بأنها قديماً كانت حملات غير منظمة تعاني ما تعانيه من وطأة مشاق الطريق وصعوبة مسالكه، وعدم توفر الماء وشدة المناخ الملتهب والذي دائماً ما يؤثر على قوافل الخليج التي كانت تعتمد على الجمال، وأيضًا بعد تواجد السيارات كانت الطرق غير معبدة، خاصة وهم يعبرون الصحاري مثل الدهناء.

أما عن تأسيس الحملات النظامية فقد أفادنا الحاج محمد العلي رئيس بعثة الحج القطرية في المقابلة التي أجريت معه مساء يوم ١١/ ٦/ ١٩٨٧ أنها تأسست من حوالي (١٨) ثمان عشرة سنة بدأت بسيارتين واستمر ذلك ثلاث سنوات ثم تطورت إلى أربع سيارات وأخذت في التزايد شيئًا فشيئًا حتى بلغت في عام ١٤٠٦ هـ (١٩٨٦م) ٤٢ سيارة إضافة إلى حجاج الجو وكل هذه الحملات سواء برية أو جوية تنسقها بعثة الحج القطرية التي تتكون من عدة أقسام، فمنها القسم الطبي الذي يؤدي خدمات جليلة مع غيره من البعثات الطبية لخدمة الحجاج إضافة إلى ما تقدمه وزارة الصحة وغيرها من المصالح الحكومية ذات العلاقة والقسم الديني الذي يقوم بالناحية الإرشادية وقسم إداري وكشافة تساهم في تأدية خدمات لحجاج البعثة وغيرهم.

وفي دراسة أجريت عام ١٤٠٧هـ ١٩٨٧م، من قبل فريق بحثي تابع لمركز أبحاث الحج بجامعة أم القرى كان من أهداف الدراسة التعرف على مدى ملاءمة المساحة المعطاة للحجاج القطريين في المشاعر مع أعدادهم الفعلية وذلك من أجل تقديم خدمات أفضل لهذه الشريحة من الحجاج، ولقد تم اختيار حجاج دولة قطر كشريحة ثانية لتنفيذ هذه الدراسة وذلك لما تتمتع به الحملات القطرية من تنظيم جيد للتعرف على مدى استفادتهم من التنظيمات الأخرى في دول الخليج[1].

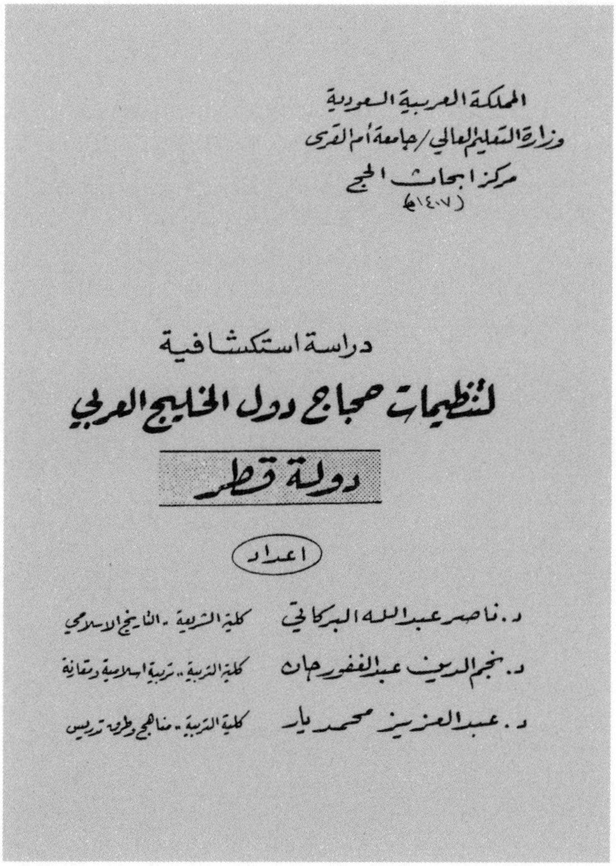
المملكة العربية السعودية
وزارة التعليم العالي / جامعة أم القرى
مركز ابحاث الحج
(١٤٠٧هـ)

دراسة استكشافية
لتنظيمات حجاج دول الخليج العربي
دولة قطر

اعداد

د. ناصر عبد الله البركاتي — كلية الشريعة - التاريخ الاسلامي
د. نجم الدين عبد الغفور خان — كلية التربية - تربية اسلامية ومقارنة
د. عبد العزيز محمد يار — كلية التربية - مناهج وطرق تدريس

---

(١) دراسة غير منشورة بعنوان: دراسة استكشافية لتنظيمات حجاج دول الخليج العربي: دولة قطر، مركز أبحاث الحج بجامعة أم القرى، من إعداد: د. ناصر عبد الله البركاتي، د. نجم الدين عبد الغفور، د. عبد العزيز محمد يار.

وبشكل خاص فإن الوقوف على التنظيم المعمول به في دولة قطر باعتبارها تقدم خدمات على مستوى راق للحجاج.

ولقد قام فريق البحث بوضع خطة عمل لتنفيذ هذه الدراسة وشمل ذلك أربعة محاور هي كالتالي:

١- المقابلة الشخصية مع المسؤولين عن الحملات القطرية

٢- المقابلة الشخصية مع رؤساء الحملات القطرية في محاولة للتعرف على أسس وأهداف هذه الحملات.

٣- ملاحظة ورصد الواقع على الطبيعة فيما يتعلق بالتنظيم المعمول به.

٤- تطبيق استبيان للتعرف على وجهة نظر الحجاج المصاحبين للحملات القطرية عن مدى فعالية التنظيم.

ولقد اشتملت عينة الدراسة الميدانية على عدد ٩٢٩ حاجًا من الحجاج القطريين في حج عام ١٤٠٧، وكانت الأدوات المستخدمة في تلك الدراسة استبيانًا مكونًا من ٣٠ فقرة عن الخدمات المقدمة للحجاج القطريين من قبل الحملات القطرية.

ولقد جاءت نتائج عينة الدراسة أن الحجاج القطريين يرون أن التنظيم الخاص بالحملات القطرية يعتبر تنظيمًا جيدًا بشكل عام حيث لم ترد أي إجابة تشير إلى أن هناك ضعفًا في التنظيم أو الخدمات التي يقدمها، كما بدا جليًا رضا الحجاج القطريين عن الخدمات المقدمة من الحكومة السعودية.

وطلب الشيخ علي رحمه الله من الأستاذ عبد البديع صقر[1] تأليف رسائل لتعليم الناس الحج وآداب السفر وغير ذلك، فألف رحمه الله رسالة (رحلة الحج وما يلزم فيها)[2]، وانتهى من الكتاب في عصر الشيخ أحمد بن علي الذي دعم طباعته على نفقته الخاصة، ونشر

---

(١) انتقل -رحمه الله - إلى جوار ربه مساء السبت ١٢ من ربيع الأول ١٤٠٧هـ، الموافق ١٣/ ١٢/ ١٩٨٦م في مصر.

(٢) وقفنا على نسخة منه في مكتبة التراث العربي والإسلامي (المكتبة الوطنية بمؤسسة قطر للتربية والعلوم وتنمية المجتمع).

الكتاب وتم توزيعه على أبناء قطر كهدية من حاكم قطر إلى حجاج بيت الله الحرام وزوده بمخططات الأمكنة المقدسة.

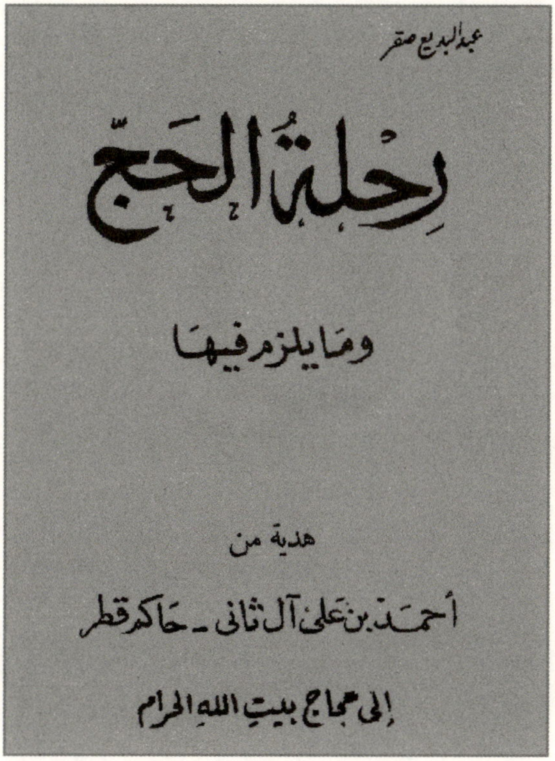

غلاف كتاب رحلة الحج وما يلزم فيها

وجاء في المقدمة:

« كتب الحج والمناسك كثيرة، وإنما دعانا إلى وضع هذه الرسالة الصغيرة ما لاحظناه من حاجة الناس إلى مرجع بسيط هو أقرب إلى وصف الرحلة وترتيب أعمالها مع بعد عن الخلافات الفرعية وترك الاصطلاحات الفقهية الصعبة، ثم تصورنا الاحتياجات العملية للحاج، فقدمنا الخلاصة النافعة فقط، ومثل هذا المنهج لا يسلم من اعتراض، ولكنا قصدنا إلى ذلك تخفيفًا على الناس، مع حفظ حق العلم والعلماء، إذ لا غنى للمسلم عن التزود من العلم النافع ».

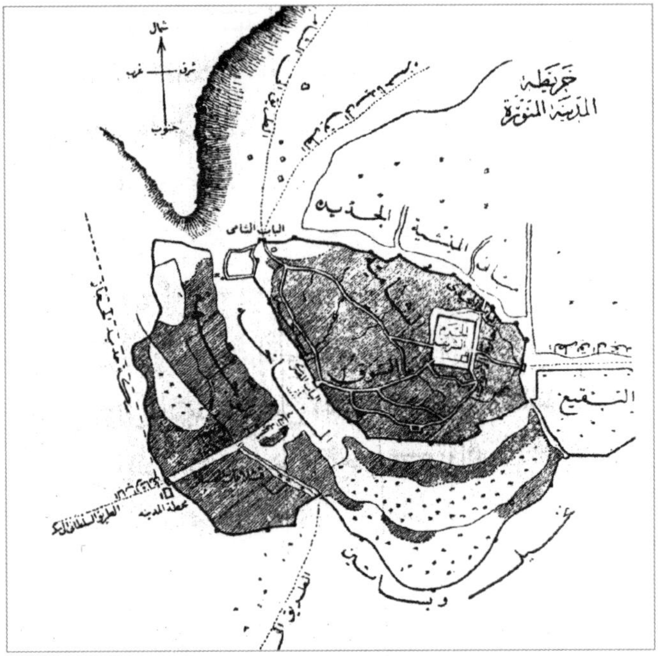

خريطة المدينة المنورة

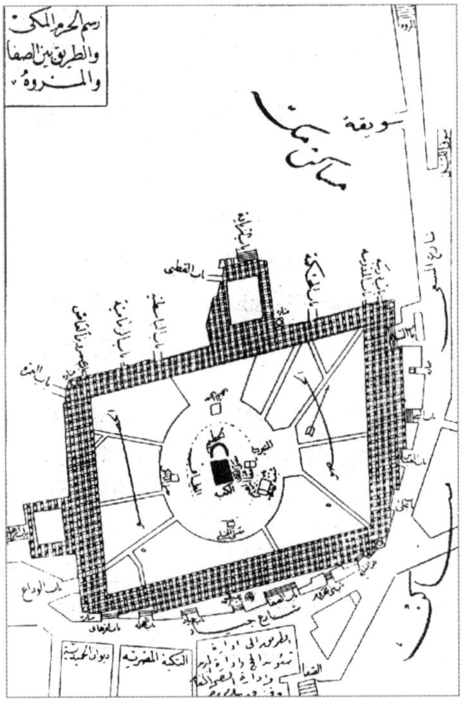

رسم الحرم المكي والطريق بين الصفا والمرة

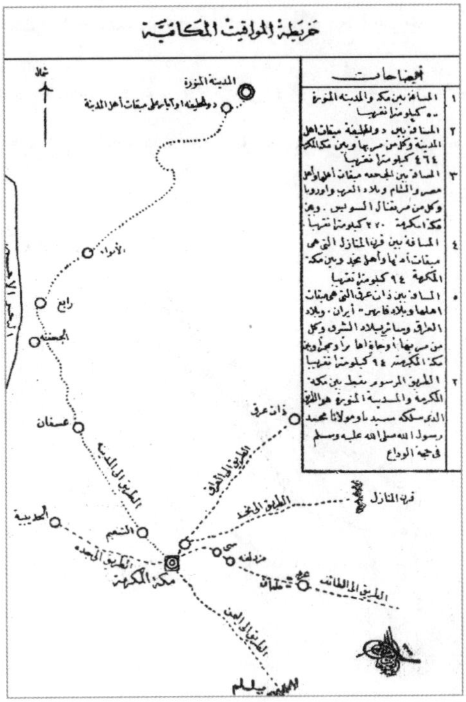

خريطة المواقيت المكانية

ومضى في الرسالة ليقدم موجزًا ييسر للحاج رحلة الحج ومناسكها، متناولًا طبيعة الرحلة، ونظرة الناس إلى الحج، والإحرام، وحج القران وحج التمتع، والأركان والواجبات والسنن، وكيفية الحج، وزيارة المدينة، وترتيب أعمال الحج، ولنا أن نتوقف معها:

أعمال يوم التروية (٨ من ذي الحجة)

يحرم الحاج من مكة ويخرج إلى منى، حيث يصلي فيها الظهر ثم العصر (قصرًا) كل صلاة في وقتها، ويبيت بمنى ليلة عرفات ويصلي بها الصبح ويتحرك إلى جبل عرفات عند طلوع الشمس.

أعمال يوم عرفة (٩ من ذي الحجة)

ينزل الحاج بمسجد نمرة (إلى وقت الظهر إن استطاع) ثم يمضي إلى أن يستقر بساحة جبل عرفات.

يصلي هناك الظهر والعصر جمع تقديم قصراً (والصلاة مع الجماعة أفضل بأي مكان بعرفات).

يكثر الحاج من الدعاء والتضرع إلى الله تعالى وقراءة القرآن الكريم، ويحسن بالحاج أن يمشي إلى الصخرات وجبل الرحمة، ويدعو لنفسه ولمن أحب وهو مستقبل القبلة تائبًا لله تعالى خاشعًا متذللًا.

ينصرف من عرفات بعد غروب الشمس.

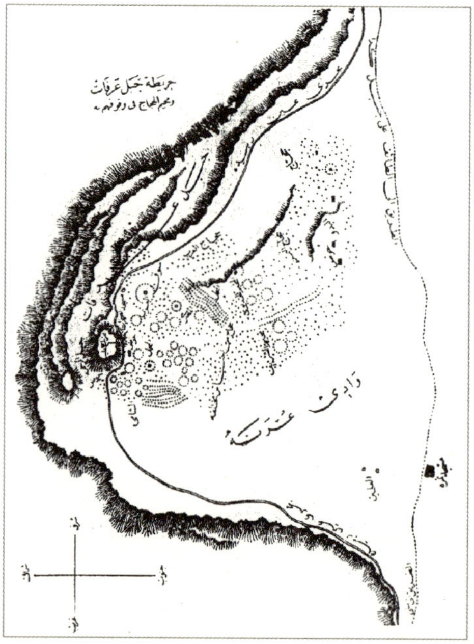

خريطة جبل عرفات

التجمع في عرفات

أعمال ليلة النحر:

ينزل إلى المزدلفة ويصلي المغرب والعشاء قصرًا وجمعًا بأذان واحد وإقامتين، ويحسن بالحاج أن يبقى بها إلى فجر يوم العيد ويأتي المشعر الحرام (وهو مكان في المزدلفة) به مسجد ومئذنة ويدعو الله حتى يسفر النهار (وإن لم يستطع الوصول إليه فإن المزدلفة كلها مشعر).

ينصرف من مزدلفة قبل طلوع الشمس ويسرع عند وادي محسر الذي أهلك الله فيه أصحاب الفيل ويجوز للضعفاء والمضطرين الاكتفاء بقليل من الوقت في مزدلفة.

ويحسن التقاط الحصى من مزدلفة ويجوز التقاطه من أي مكان... ولكن بعد انصرافهم من المشعر الحرام.

أعمال يوم النحر: (١٠ من ذي الحجة)

التوجه إلى منى ورمي جمرة العقبة (وهي التي في آخر مِنى من ناحية مكة). وترمى الجمرة بسبع حصيات في حجم الحمصة تقريبًا.

ويقول الحاج مع كل حصاة، «بسم الله والله أكبر» ثم يقول في النهاية: «اللهم اجعله حجًّا مبرورًا وسعيًا مشكورًا وذنبًا مغفورًا».

ويتوقف الحاج عن التلبية إذا رمى الجمرة السابعة وينصرف مباشرة بلا وقوف ولا دعاء بعد رمي الجمرات السبع، ووقت رمي الجمرة هو من منتصف ليلة العيد إلى آخر أيام التشريق (أيام ١١ و١٢ و١٣ من ذي الحجة).

حلق الرأس أو تقصير الشعر. وبذلك يفك إحرامه ويحل له كل شيء (إلا الجماع). يمكنه أن يذهب إلى مكة لأداء طواف الإفاضة لأنه من أركان الحج وبه تنتهي أعمال الحج كلها ويحل له كل شيء.

يعود الحاج إلى منى بعد طواف الإفاضة ليبيت فيها ليلتين (إن تعجل أو ثلاثًا إذا اطمأن).

أعمال أيام التشريق:

يبدأ الرمي بعد الظهر ويستمر إلى الغروب (وعند أبي حنيفة، يجوز ليلًا مع الكراهة). ترمى الجمرة الأولى (الصغرى) بسبع حصيات كما تقدم، ثم الثانية ثم الثالثة، ويتكرر

ذلك يوم الثاني عشر من ذي القعدة، وليكن انتظاره في منى فرصة لدوام الذكر والتوبة والاستغفار؛ لقوله تعالى ﴿وَٱذۡكُرُواْ ٱللَّهَ فِيٓ أَيَّامٖ مَّعۡدُودَٰتٖۚ﴾.

ويلزمه الانصراف من منى قبل غروب الشمس وإلا لزمه المبيت ومعاودة رمي الجمرات الثلاث يوم ١٣ بعد الزوال.

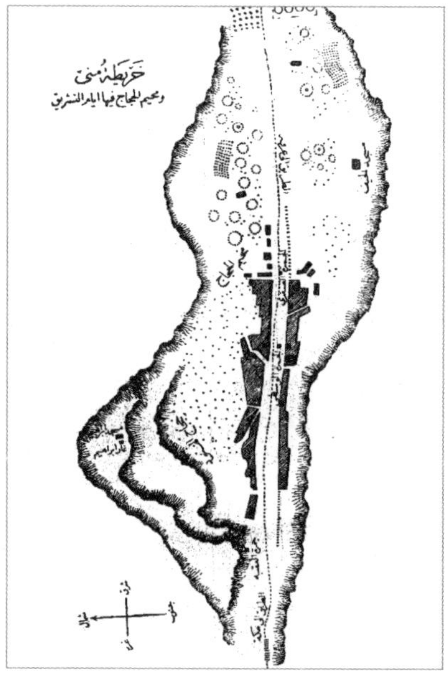

خريطة مِنَى ومخيم الحجاج فيها أيام التشريق

خريطة مكة المكرمة

طواف الوداع:

إذا فرغ الحاج من جميع أموره، وجب عليه أن يطوف بالكعبة، وهو سبعة أشواط كالعادة، مع الدعاء والاستغفار؛ ثم يصلي ركعتين عند مقام إبراهيم، ويشرب من ماء زمزم ويقبل الحجر الأسود إن تمكن من ذلك ويدعو ويجدد العهد ويلتزم الحطيم (وهو ما بين الحجر الأسود وباب الكعبة) - أما الحائض والنفساء فيودعان بيت الله من خارج المسجد[1].

وقد زار الشيخ علي مكة المكرمة حاجًا ومعتمرًا، وبصحبته زوجته الشيخة حمدة بن ثاني وابنه أحمد في حياة والده الشيخ عبد الله بن جاسم سنة ١٣٦٦هـ/ ١٩٤٦م، قبل أن يتولى الإمارة.

(١) انظر عبد البديع صقر: رحلة الحج وما يلزم فيها، مطابع علي بن علي، ١٩٦٠م، ص ٢٢-٢٨.

وعندما تولى حكم البلاد أهداه الملك سعود قصرًا في مكة المكرمة، فكثر تردده على البيت العتيق زائرًا، فحج سنة ١٣٧٦هـ/ ١٩٥٦م، وسنة ١٣٧٧هـ/ ١٩٥٧م، وغيرها.

وكان رحمه الله يرسل كل عام، على حسابه الخاص، عددًا من الحجاج الفقراء بواسطة شركات نقل الحجاج أو منفردين[١].

كما كان يصطحب في حجه لفيف من العلماء والأدباء، وكانت له مكرمات وصدقات في الحج كثيرة، وكثيرًا ما وجدنا أنفسنا أمام قصائد يذكر فيها الشعراء حجه ويطرون إحسانه وصدقاته، منها قول الشاعر عبد الرحمن المعاودة[٢]:

رأيتك حول البيت تسعى ملبيًا ... وتستغفر الرحمن في عرفات
فكنت أجل الطائفين مهابة ... وأسبقهم للخير والحسنات

فقد كان الشيخ علي يصطحب في معيته عددًا كبيرًا من المقربين ومنهم شعراء، فهذا الشاعر محمود شعبان ينشد بين يدي الشيخ علي بن عبد الله آل ثاني بعد أن نال شرف أداء فريضة الحج عام ١٣٧٦ هـ/ ١٩٥٦م ، بدعوة من سمو الشيخ علي (رحمه الله) يقول[٣]:

تحية حينما أقبلت من قطر ... ويوم ترجع يحدو لركبك السلم
وحجةٌ جددت للدين عزته ... يُمحى بها للبرايا الذنب والجُرمُ
وعودة عند البيت أرقبها ... وفي ركابك لى شعرٌ ولي نغمٌ
وأنت تلهمني في كل قافية ... من صادق الشعر ما تزهو به الحكمُ
تُملي علي ومالي يا علي سوى ... لسان صدق به يثني عليك فمُ

وبمناسبة طواف الوداع في حج عام ١٣٧٦ هـ[٤] ١٩٥٦م أنشد الشاعر محمود شعبان بين يدي الشيخ علي بن عبد الله يقول:

---

(١) خالد بن محمد بن غانم آل ثاني: الحلي الداني في سيرة الشيخ علي آل ثاني، (الدوحة: المؤلف، ٢٠٠٩م)، ص ٦٧، ٦٨.

(٢) عبد الرحمن المعاودة، القطريات (الدوحة: ١٣٧٧ه) ص ٩٨.

(٣) راجع القصيدة كاملة في كتاب درر المعاني في مدح آل ثاني (مجموعة من القصائد لعدد من الشعراء)، إعداد محمود شعبان ، القاهرة ، ١٩٦٠ ، ص ١٩٨-٢٠٢.

(٤) راجع القصيدة كاملة في كتاب درر المعاني في مدح آل ثاني (مجموعة من القصائد لعدد من الشعراء)، إعداد محمود شعبان ، القاهرة ، ١٩٦٠ ، ص ٨١-٨٢.

تألّــق رفيــع القدر مــا عابــد دعا أبــا أحمــد لا زلــتَ للسّــعد مطلعا
قدمــتَ إلى أرض الحجــاز فأينعــتْ بيُمنــك يــا مــولاي مرعــىً ومرتعا
وطفــت ببيــت الله يــا خــير مؤمن تقيًّــا نقيًّــا طاهــر النفــس طيعــا
فكنــت منــارًا للحجيــج ولم تــزل كريــم الخطا ما حــلّ ركبــك موضعا
يفيض علــى الأيــام خــيرًا ونعمة وتعلــو عليهــا يابــن ثــاني ترفُّعــا
وما تركَــتْ يُمنــاك للنــاس حاجةً ولا نَســيتْ نُعــماك في الأرض مربعــا
وفي كل يــوم قصــة عــن مــكارم تزيــد عــلى مــر الليــالي تضوّعــا
أمــولاي أيــام الحجيج قــد أنقضت وكل دعائــي أن تعــود وترجعــا

ويقول أيضًا:

أبــا أحمــد هيهــات أنســاك حينما ذهبــت إلى البيــت الحــرام مودَّعــا
وقد كنــت في بُرد التقى خير خاشــع إلى رحمــة البــاري بشــوق تطلّعــا

وحين عودته من الحج يأتي إليه كبار عموم أهل قطر للسلام والتهنئة بسلامة العودة، وعادة يكون للشعراء حضور، فهذا عبد المجيد الخفاجي ينشد شعرًا بمناسبة عودة الشيخ علي بن عبد الله آل ثاني من أدائه فريضة الحج عام ١٣٧٨هـ / ١٩٥٩م[١]، ويستهلها بقوله:

حيّوا الشــهامةَ والأخــلاقَ والكرما حيّــوا الجلالــةَ والعليــاءَ والعظــما
حيّــوا العدالــةَ والتقــوى مجلببــةً ثوب الوقــار وحيــوا العز والشــما
حيّوا ابن ثــاني (عليًّا) مــن به فخرت دنيــا العروبــة أنّــى راح أو قدمــا
حيــاك ربــك يا مــن غــدوت على كتائــب المجــد في دنيــا العُــلى عَلما
وبــارك الله في حــج قضيــتَ بــه فرضًــا عليك لبــاري الكون قــد لزما
مــا هــذه حجــة أُولى كســبت بها أجــرًا فكــم قبلهــا أجرُ زكــى ونما
قــد طفــت بالبيــت هيّابًــا لبارئه وهيبــة الله تغشــى البيــتَ والحرمــا

(١) راجع القصيدة كاملة في كتاب درر المعاني في مدح آل ثاني (مجموعة من القصائد لعدد من الشعراء)، إعداد محمود شعبان، القاهرة، ١٩٦٠، ص ٤٢٧-٤٢٩.

وفي قصيدة أخرى في المناسبة نفسها[1] يقول الشاعر عبد المجيد الخفاجي:

رزقـتُ بعـون الله حجـة مسـلم ... سريرتـه تصفـو لـكل حسـود
تكشـفت الدنيـا وبـان طلاؤهـا ... لصاحـب رأي في الحيـاة سـديد

كما قام الشاعر أحمد بن إبراهيم الغزاوي بتهنئة الشيخ علي بن عبد الله آل ثاني بعودته من الحج في عام ١٣٧٨هـ / ١٩٥٩ م، في قصيدة[2] يقول فيها:

وكيـف ألقـاك في أم القـرى فلقًـا ... هـو الصبـاح ولا أشـدو بألحـاني
هـا أنهـا بكـرتْ بِكـرًا مُحجبـةً ... إليـك في عفـة تسـمو وتحنـان
يزفهـا لـك ترحيبـي عـلى وتـر ... من شـدو معبد أو من رجع حسـان
فاهنأ بحجـك مبرورًا وقد شـذيت ... بـك الأباطح مـن عـرف وعرفان

وفي العام نفسه أنشد عبد الرحمن المعاودة قصيدة بعنوان : **بفضلك بعد الله نهنا ونسعد**[3] وهي "تحية للشيخ علي بن عبد الله الثاني بمناسبة حجه المبرور عام ١٣٧٨ هـ / ١٩٥٩ م"

بفضلـك بعـد الله نهنـا ونسـعدُ ... فأنـت إلى فعـل المـكارم ترشـد
فبوركـت مـا لبيـت لله قانتًـا ... ودمـت بإقبـال وأنـت المؤيـد
عـلى بـن عبـد الله إنـك سـيد ... تديـن لـه السـادات طرًا وتشـهد
نرى الديـن والدنيـا بذاتـك جمعًا ... فأنـت منـارٌ للمعـالي ومقصـد
أتينـا عـلى متـن للسـحاب يحثنا ... إلى قـرب بيـت الله شـوق مؤكـد
إلى بلـد بالبيـت عـزت بطاحـه ... وسـار بـه لله يدعـو محمـد
فإذا برحـاب الأرض شرقًـا ومغربًا ... لدعـوة خـير الرسـل طـرًا تـردد
وإذ بالفيـافي المقفـرات يعمهـا ... مـن الخـير مـا منـه تعـزُّ وترغد
تداعـت بها الأصنـام من بعـد منقة ... وقـام مـن التوحيـد صرح موطـد
فأزكـى صـلاة الله ثـم سـلامه ... عليـك رسـول الله مـا لاح فرقـد

(١) المصدر السابق، ص ٤٠٢، ٤٠٣.

(٢) المصدر السابق: ص ٣٩٧، ٣٩٨.

(٣) محمود شعبان (إعداد): درر المعاني في مدح آل ثاني، (القاهرة: مطابع كوستا وشركاه، ١٩٦٠، ص ٤٤.

أرى أن بعــض المســلمين بعصرنــا ... تنافرهـــم لا ينتهـــي والـــتردد
فــذاك وراء الغرب قد ســار صاغرا ... وآخــر نخشــى أنــه اليــوم ملحــد
ولو فقهــوا الذكــر الحكيــم وهديه ... لمــا كان فيهــم زائــغ أو مفنَّــد
فرحمــاك رب العــرش أمــة أحمــد ... أغثهــا فأنــت المالــك المتفــرد
وســدد خطانــا للصــلاح فإننــا ... بــك الله ندعــو مــا لغــيرك نعبــد
وأصلــح ولاة المســلمين جميعهــم ... لــك الحمد ما نادت باســمك سُــجَّدُ

وفي العام التالي قام سمو الشيخ علي بأداء فريضة الحج، وبدوره قام الشاعر محمد شريف الشيباني بتهنئة سموه بعودته من الحج في عام ١٣٧٩هـ / ١٩٦٠ م، في قصيدة[1] يقول فيها:

هــذا (عــلي) الدين والــشرف الذي ... منهاجــه قــد خُــصَّ بالإرشــاد
قدم الــذي قــد زار زمــزم والصفا ... وســعى وطــاف وحــج ذاك الوادي
هذا الــذي جــدْواه قد عــمَّ الورى ... وبــه المعــادي صــار غــير معــاد

ومنذ عام ١٩٥٧م كانت دائرة الخدمات الطبية والصحة العامة القطرية ترسل بعثة طبية إلى الأراضي المقدسة أثناء موسم الحج من كل عام لتشارك بقية الدول الإسلامية مجهودها في توفير الرعاية الطبية الكاملة لحجاج بيت الله الحرام وتعمل البعثة في كل من : «مكة المكرمة» حيث توجد لها عيادتان وفي «المدينة المنورة» حيث توجد لها عيادة وفي «منى وعرفات» حيث لها مركز طبي بكل منها، وتتألف البعثة من:

٥ : أطباء

٢ : صيادلة

١ : مساعد معمل

٥ : ممرض

٩ : سائق

١ : ميكانيكي

---

(١) المصدر السابق: ص ٢٣٨، ٢٣٩.

دكتور / فؤاد الجويني

٢ : طباخ

وتزود البعثة بثماني سيارات موزعة كالآتي :

٣ : سيارة إسعاف

٢ : سيارة شحن

٣ : سيارة خاصة للأطباء

وتقوم البعثة بالكشف على الحجاج من جميع أنحاء العالم وتصرف لهم أحدث الأدوية [١].

الشيخ عبد الله بن إبراهيم الأنصاري

الشيخ عبد الله بن إبراهيم الأنصاري

يعد الشيخ عبد الله الأنصاري أبرز أبناء قطر الذين خدموا قوافل الحج ثم بعثات الحج القطرية فيما بعد؛ فقد قام وهو في الثالثة والعشرين من عمره أي في عام ١٣٥٨هـ (١٩٣٩م) برحلته إلى مكة لأداء فريضة الحج، فغادر مدينة الخور مع مجموعة من الحجيج على متن سفينة متوجهة إلى مدينة الخبر بالمنطقة الشرقية، ومنها يستأجرون اللوري ليواصلوا الرحلة إلى مكة.

ومنذ عام ١٣٨٣هـ (١٩٦٣م) ترأس بعثة الحج القطرية، فكان يذهب كل عام للحج رئيسًا لبعثتها ومعه الوعاظ والمرشدون والأطباء والممرضون والصيادلة، ويشاركه العديد من الوفود القطرية، ويجلب معه العدد الوفير من الكتب؛ حيث كان توزيع الكتب والدواء والكشف على المرضى مجانًا بالإضافة إلى رعاية الحجاج بعامة والقطريين بخاصة[٢].

---

(١) فؤاد الجويني : نهضة قطر الصحية ،الإسكندرية ، ط٢ ، ٢٠١٠ ، ص ٣٦ .

(٢) عمر تهاني ناجي مختار: علامة قطر الشـيخ عبد الله بن إبراهيم الأنصاري (مركز شباب برزان -الدوحة)، ٢٠٠٦، ص ٥٦، ١١٤.

وفي (مجلة الحق) والتي كانت تصدر من المعهد الديني الثانوي يسجل الشيخ عبد الله الأنصاري جوانب من انطباعاته عن حجه في هذا العام ١٣٨٣هـ قائلًا: شهدنا منافع لنا في حجنا إلى بيت الله الحرام في عامنا هذا ١٣٨٣ هـ وعاينا مواقف جديدة تستحق إيراد ذكرها حيث إنه قد حصل التحسين في الأوضاع بين الأمس واليوم.

غلاف كتاب الحق المعهد الديني الثانوي

١ - كانت جميع طرقات مكة المكرمة قبل أعوام يسيرة لا تختلف فيها السيارتان إلا بعد التوقف والتأني وليس هنالك ممر للمشاة بينما قد شاهدنا أن أكثر الطرقات تشتمل على شارعين واسعين أحدهما للذهاب والآخر للرجوع وقد حصل هذا المشروع حتى في العمران القديم من مكة المكرمة أضف إلى هذا أن في أكثر الشوارع تكون بجانبي الطريق أرصفة واسعة للمشاة.

٢ - كان الناس يستعدون بنقل المياه وتخزينها قبل أوان الحج في جميع المشاعر، وما كان استعدادهم يجديهم برخاء ويسر حتى لقد شاهدت عيانًا في منى وعرفة ومزدلفة أننا كنا نتلهف شوقا للحصول على صفيحة من الماء بدون تفكير في القيمة قلتْ أو كثرتْ. بينما الآن خزانات المياه موزعة في الأماكن، مملوءة بالماء النقي والمثلج يحصل عليها الوضيع والرفيع، والقوي والعاجز، بكل سهولة وبدون أي جهد.

٣ - لقد كانت السيارات تخرج من مكة المكرمة إلى منى ثم إلى عرفة بطريق واحد أو طريقين ضيقين، وترجع بهما. والآن شاهدنا أن الطرقات التي تمتد إلى منى ومزدلفة بلغت اثني عشر طريقًا.

٤ - قديمًا يسعى السعاة بين الصفا والمروة ويزاحمون أهل الأسواق في أسواقهم والباعة تحول بينهم وبين سعيهم وحتى الكلاب ترشهم بأذنابها من أثر المياه المستجمعة في المسعى. وما كان المسعى إلا بمثابة سوق يمر فيه الناس بازدحام تضيق منه الأنفس. بينما نشاهده الآن وقد بلط بالرخام الممتاز على شارعين واسعين أحدهما يسلكه الذاهب إلى المروة وهو الأيمن بالنسبة إليه. والثاني يسلكه الساعي إلى الصفا وهو الأيمن بالنسبة إليه وبين الشارعين حاجز يمنع الاختلاط، ويحف المسعى من الجانبين أعمدة بديعة المنظر. أضف إلى ذلك أن هنالك طابقًا ثانيًا فوق السعاة بقدر المسعى يجتمع فيه المصلون أيام الحج.

٥ - أقمت في مكة نحوًا من خمسة أعوام وفي عام ١٣٦١ هـ دخل السيل الحرم بقوة شديدة حتى كان الماء فوق الحجر الأسود بقدر ذراع بحذاء عتبة الكعبة وأما السيل الآخر فكان في عام ١٣٦٣ هـ لم يتجاوز حدود المطاف كل ذلك كان لعدم وجود سد في باب المعلاة. الباب الذي يوالي وادي إبراهيم. بين ذلك الحين وهذا اليوم وضعت الحكومة السعودية سدًّا منيعًا عند مدخل مكة جنوبًا من جبل حراء، ورفعت أعتاب الحرم. وفتحت مجاري لتصريف السيول الفائضة والنازلة من جبال مكة بجانب الصفا وتنتهي إلى المغسلة من تحت الأرض فأمن أصحاب الأسواق خسارة فادحة كانت تنتابهم بالسيول الجارفة.

٦ - لقد كان الحرم المكي ملاصقًا من جميع الجهات للبيوت والأربطة والحمامات والمكاتب، حتى أن بعض فضلات مياه البيوت والحمامات تصل إلى أبواب الحرم. وفي أوان الحج إذا تأخر المصلي حين صلاة الجمعة لم يجد سبيلًا للدخول من شدة الازدحام وشاهدت قبل سنين قليلة كثيرًا من الناس يعود إلى محل إقامته ويحرم من تأدية صلاة الجمعة لضيق المكان ولعدم صلاحية ما كان خارجًا من أبواب الحرم للصلاة.

بينما الآن من أي باب قدم المصلي في حين صلاة الجمعة يوم الحج سهل عليه الدخول إلى الحرم سواء صلى في الطابق الأول أم في الثاني أم على سطح الثالث أمكنه بكل يسر وسهولة.

٧ – أذكر حينما كانت المقامات باقية وحدود المطاف على بعد خمسة عشر مترًا تقريبًا عن الكعبة من كل جانب، وفي عام ١٣٦٦ هـ ضاق المطاف بالحجاج، وبدأ بالتدريج تحسينه فأزيلت المقامات ثم زيد في المطاف بقدر اثنين وعشرين مترًا من كل جانب إلى ما يحاذي المقام وبئر زمزم، وسهل اتصال الحجاج بزمزم، ومع هذا العدد الغفير لم تحصل المضايقة على الطائفين إلا عند ما يقبلون على محاذاة البناء الذي على المقام.

وقد دار البحث في نقل المقام إلى ما يحاذيه لتوسيعه على الطائفين ولا زال البحث دائرًا ومن الجدير أن يتم نقله. ولقد كان هذا الحجر موضوعًا بجانب الكعبة فأمر عمر رضي الله عنه على أصح القولين بنقله إلى هذا المكان وفي رواية أن الرسول صلى الله عليه وسلم هو الذي أمر بنقله وعلى كلتا الروايتين يمكننا أن نستدل بذلك النقل على جواز نقله عند الحاجة. ومعلوم أن موضوع المضايقة للطائفين ووقوع القيل والقال وكثرة الجدال والمدافعة والمشاتمة، لمن أكبر الدواعي لجواز نقله، إذ إن الإسلام حريص على حصول التواد والتآلف في هذا المؤتمر الإسلامي العظيم، وحكمة العلي القدير في فريضة الحج للتعارف والتعاون على التقوى والطاعة.

وقد تعددت المشروعات التي سهل الله بها سلوك طريق الحج ومن أهمها الأمن على النفس والمال وكذلك تعبيد الطرق في جميع الجهات والحمد لله أولا وآخرًا.

"الحق" أننا لنشكر للحكومة السعودية ما قامت به من إصلاحات وتيسيرات لا تنكر، وخاصة توسعة المسجد الحرام وكل ما ذكره فضيلة الشيخ الأنصاري ولكننا لا زلنا في حاجة إلى المزيد من التنظيم والتيسير، ولا سيما ما يتعلق بالنظافة وتعميم دورات المياه حول الحرم وفي منى وعرفات، وتنظيم عملية الذبح والانتفاع بالذبائح التي يذهب معظمها تحت التراب وتنبعث منها الروائح الكريهة. إن مصنعًا لتعليب هذه اللحوم والانتفاع بجلودها وعظامها وقرونها وأوبارها وأشعارها، كاف لحل المشكلة وليس بالأمر العسير. إن في البلاد الغربية لأسوة لنا في تنظيم المعارض الدولية التي تحضرها الملايين في أيام معدودة والحكمة ضالة المؤمن أنى وجدها فهو أحق بها.

كما نرجو من الحكومة السعودية – وقد أفاء الله عليها من فضله ونعمته ما أفاء – أن

تخفف من أعباء الرسوم الكثيرة المفروضة على الحجاج من خارج الجزيرة.

ثم هناك التجار الذين يتحكمون في الأسعار ويرفعونها كما يشاءون بلا وازع ولا رقيب. وكل هذا مما يضاعف نفقات الحج، ويجعل استطاعة السبيل إليه أمرًا بعيدًا على كثير من جمهور المسلمين. كما لانزال نطالب بتنظيم الانتفاع بهذا الموسم العظيم، في تعريف المسلمين بدينهم وتقوية صلتهم به، وتذكيرهم بواجبهم نحوه وتقوية الروابط بين أبناء الأمة الإسلامية، يقوم بذلك العلماء والدعاة الأقوياء الذين لا يخلو موسم من جماعة منهم، -بلغاتهم المختلفة - في الحرمين وفي منى وفي عرفات، ليعود الحجاج إلى أوطانهم، وهم أقرب إلى ربهم، وأعرف بدينهم، وأوعى لدنياهم. وإنا لمنتظرون [١].

وكان من أهم ما تقوم به البعثة، استقبال حجاج قطر، قطريين وغير قطريين، للترحيب بهم والاطمئنان على صحتهم والإشراف على الأعمال الإدارية والمالية والإشراف على التوعية الدينية وتوزيع العمل على المشرف الديني والإشراف على المقاولين والتفتيش عليهم وعمل إحصائية بعدد الحجاج ومنح تصاريح للمقاولين وتوقيعهم على الشروط الخاصة بهم لتنفيذها وحل مشاكل الحجاج مع المقاولين وإرشاد التائهين والبحث عن المفقودين ونصب معسكرات خاصة بالبعثة في كل من مِنى وعرفات بمساعدة الكشافة وتوزيع الأراضي للمقاولين في مِنى بعد استلام البعثة لتلك الأراضي المخصصة من السلطات السعودية .

غلاف كتاب الإرشاد إلى
مناسك الحج والاعتمار

وأما التوعية الدينية، فإن مهامها تتلخص في توزيع مطبوعات وأدعية الحج ومن أشهرها كتيب الإرشاد إلى مناسك الحج والاعتمار» تأليف الشيخ عبد الله بن إبراهيم الأنصاري.

ومن مقدمة هذا الكتيب الصغير نستطيع أن نتعرف على أسلوب الشيخ عبد الله الذي اتسم بالبساطة.

وكان مع كل حملة موجه ديني يقوم بصفة مستمرة بتنظيم

---

(١) مجلة الحق (المعهد الديني الثانوي) العدد الثاني شهر محرم ١٣٨٤هـ (١٩٦٤) ص ٨ - ٩.

أوقات الحجاج في الحرمين الشريفين، وكذلك في مقر البعثة والتجول على الحجاج في مقر سكنهم للشرح لهم والرد على أسئلتهم.

وفيما يتعلق بالناحية الصحية للحجاج فإن البعثة كانت تصطحب معها سنويًا فريقًا طبيًا تستأجر لهم شققًا تجهزها بالعيادات الطبية المجهزة بالمعدات المناسبة لاستقبال المرضى في كل من مكة المكرمة والمدينة المنورة وعرفات ومِنى، وتقدم لهم الخدمات الصحية ويصرف لهم الدواء مجانًا.

ومن الناحية الوقائية كانت البعثة تقوم بتقديم الإرشادات والنصائح الطبية للحجاج لتلافي الأوبئة، ومن جانبها كانت وزارة البلدية تسهم في ذلك بإرسالها سيارة وعمالًا للنظافة، تقوم برش مساكن الحجاج بالمبيدات الحشرية.

ومع افتتاح إذاعة قطر(١)، كانت ترسل مراسلًا لها مع بعثة الحج ليقوم بنقل أخبار الحجاج، ويسجل معهم ليرسلوا برسائلهم إلى أهليهم، لتقوم الإذاعة ببثها في برامجها ويطمئن الأهل عليهم، وفيما بعد لحق التليفزيون(٢) بالبعثة وكذلك كانت الصحف، لتنقل كل تلك الوسائل أخبار الحج والحجاج.

الشيخ عبد الله الأنصاري مع أحد أبنائه (١٩١٤-١٩٨٩)

(١) افتتحت إذاعة قطر بتاريخ ٢٥ - ٦ - ١٩٦٨.

(٢) افتتح تليفزيون قطر عام ١٩٧٠.

تنظيم عمل المقاولين:

قامت البعثة في السبعينيات من القرن العشرين بنظام جديد يتعلق بشؤون الحج وتوحيد أسعار المقاولين ثم تسجيل الحجاج في مقر البعثة كما عملت على تجهيز السكن من قبل المقاول على أساس أن يكون مجهزًا بالماء والكهرباء وأن تتوافر مراوح وأن يكون المبنى سليمًا وصحيًّا ومناسبًا وأن يكون بالمبنى أكثر من دورة مياه واحدة بحيث يكون لكل عشرين فردًا على الأكثر دورة مياه لقضاء الحاجة وأن يتوجب عليه أن يفرش أرضية المبنى بسجاد لائق وأن يكون المبنى المستأجر به مكيفات ولا يجوز استخدام الخيام مطلقًا في كل من مكة والمدينة.

ولقد اشترطت بعثة الحج على كل مقاول أن يصطحب معه عاملاً للنظافة في مقر الحجاج في مكة والمدينة ومنى، كما اشترطت عليهم أيضًا رفع علم قطر على كل سكن الحجاج القطريين، وكان هذا يسهل عليهم التزاور للاطمئنان على بعضهم البعض.

وفي بعض السنوات قامت بعثة الحج بتخصيص مكافأة مالية تمنح لأحسن مقاول تقيَّد بالشروط المطلوبة منه ونفذها بأحسن وجه، كما أقرت إجراءات عقابية لكل من يخالف هذه الشروط من المقاولين.

وفي العام الهجري ١٣٨٦هـ الموافق ١٩٦٤م، أجرت مجلة المعهد الديني (الحق)، استبيانًا لعدد من التربويين الذين حجوا، حيث وجهت مجلة "الحق" هذه الأسئلة إلى مجموعة من حجاج المعهد الديني هذا العام:

١ - ما انطباعاتكم عن رحلة الحج؟

٢ - ما مقترحاتكم للاستفادة من هذا الموسم؟

٣ - ما نصائحكم لمن يريد الحج؟

الإجابة عن السؤال الأول:

في الإجابة عن هذا السؤال، نجد تقاربًا في الجوهر، وان اختلف التفصيل والتعبير عن شتى المشاعر والأحاسيس.

فنجد شعور الغبطة والارتياح، والنشوة الروحية، يعبر عنه الشيخ داود حمدان بقوله:

"إن أول المعاني التي تنطبع في النفس، الشعور بأن ما تجشمه الإنسان من مشاق وما أنفقه من مال، هو قليل بالنسبة لتحقق أمنيته الغالية، ولما يحل في قلبه من الرضا والغبطة، ما هيأه الله له، من الوصول إلى تلك الأماكن الشريفة، وأداء مناسكه فيها طاعة لله عز وجل".

ويعبر عنه الأستاذ وجيه درويش فيقول:

"لقد كانت رحلة الحج تجربة روحية جديدة بالنسبة لي، وأظنها كذلك بالنسبة لكل إنسان يؤدى فريضة الحج لأول مرة، فهي رحلة تشعر فيها بالتجرد الكامل، ويتزايد الأمل عنده في القرب من الله غافر الذنب، وقابل التوب. إن التجرد الكامل يتجلى باسمي وأجلى معانيه في عرفات، أو حول الكعبة عندما ترى عباد الله جميعًا لا يسترهم إلا ملابس الإحرام، ولا يفرق بينهم حسب أو نسب، أو جاه أو سلطان، ولا جنس أو لون. الكل سواسية أمام الواحد الأحد، والكل يلبي ويدعو خاشعًا متبتلًا، يطمع في العفو والغفران".

وهناك شعور آخر بالتحول النفسي إلى حياة أطهر وأزكى، يعبر عنه الأستاذ مصطفي الصيرفي فيقول:

"يكفي المسلم ربحًا وفوزًا وهو يؤدي شعائر الحج، أنه يشعر في قرارة نفسه، بانبثاق فجر جديد في حياته محا ما قبله من ظلمات المعاصي، وأهل معه مستقبل وضاء في طاعة الله تعالى ورضاه، والالتزام بما شرع وأمر، وصدق رسول الله صلى الله عليه وسلم:(من حج فلم يرفث ولم يفسق رجع كيوم ولدته أمه)".

وهناك شعور الأمل في مستقبل المسلمين، والثقة بقوة الإسلام تلمسه في كلمات الأستاذ سليمان الستاوى إذ يقول:

"إن مشاهدة مئات الآلاف من الوافدين للحج عن طريق الجو والبحر والبر، ليملأ النفس والقلب والعقل اقتناعًا بإن الإسلام -رغم كل شيء- ما يزال ولله الحمد والمنة هو المحرك المتمكن، والموجه لمشاعر المسلمين".

وفي لغة شاعرية يخاطب أستاذ الفلسفة جماهير الحجاج التي بلغت مليونًا ونصف مليون

فيقول:

"لك الله أيتها الجموع المؤمنة ... كم أنت قادرة - بمشيئة الله - على سحق كل من يسول له شيطانه الانتقاص من جلال هذا الدين !!!"

وفي نفس الاتجاه يقول الأستاذ وجيه:

"إنك تشعر بقوة الإسلام الخارقة التي تجمع هؤلاء الأقوام جميعًا في وقت واحد ولوجهة سامية واحدة".

وشعور آخر هو شعور الحنين إلى ماضي الإسلام المجيد، والأسى لحاضرهم المهين، تجد ذلك في جواب الأستاذ سيد غزلان حين طاف بالمدينة المنورة، وزار البقيع وشهداء البقيع، يقول:

"حينئذ لا يملك الإنسان إلا أن يعود بذاكرته إلى الوراء، ويحدث نفسه كيف كتبت هذه الأجساد البالية، في هذه البقاع الماحلة، تاريخًا مليئًا بالمفاخر والأمجاد، سيبقى أبد الدهر، ونتمنى أن يدور الزمن دورته، وكما بدأكم تعودون، فيرجع للإسلام تاريخه ومجده، وما ذلك على الله بعزيز".

ويعبر الشيخ داود عن هذا المعنى تعبيرًا ممزوجًا بالمرارة والحسرة يقول:

"إن الحاج يسيطر عليه شعور قوى ممض بانحطاط المسلمين اليوم إلى منزل لا يكادون يساوون فيه البشر، فإن أولئك الأسلاف الكرام، رضوان الله عليهم، على قلة العدد وضعف الوسائل، وغلاظة العيش، ووعورة المسالك قد صنعوا المعجزات، وصنعوا تاريخ الإسلام، وأعظم به، وفتحوا الدنيا ... أما نحن، فعلى كثرة العدد وتوفر الوسائل، وليونة العيش، وسهولة المسالك، قد خسرنا كل شيء، واستعبدنا في بلادنا، فأي رجال هم؟ وماذا نحن من أصناف المخلوقات؟".

وهناك شعور بالسخط على تصرفات كثير من الحجاج يجسمها الأستاذ الصيرفي فيقول:

"وإنه لمما يؤسف أن أكثر الحجاج، لم يصلوا إلى المستوى المطلوب للمسلم الحاج ولم يستشعروا معاني الحج، ولم يتهيأوا لأداء مناسكه، بالحب والإيثار والجود والسماحة والصبر

والنظام، فكان هم الكثيرين أن يعملوا لأنفسهم دون التفكير في الآخرين، مع تفشي الجهل، وعدم معرفة أحكام الإسلام".

وعلى عكس هذا نجد الأستاذ غزلان تغمره النشوة والإعجاب فيقول:

"يا للروعة !! إنه بيت الله العتيق جلس الناس فيه متجردين، تساوت رؤوسهم، وتطامنت نفوسهم، وخشعت قلوبهم، فلا تسمع منهم إلا دعاءً ونداءً، يتلاطمون في طوافهم حول الكعبة، تلاطم الأمواج الهادرة، شيبًا وشبابًا، كل منهم يحرص على شعور أخيه، يعامله برفق، ويحنو عليه بعطف ويفسح له الطريق، إذا اشتد الزحام، فلا تجد متبرمًا ولا ساخطًا، ولا شاكيًا ولا باكيًا، وإنما تجد ما يملأ النفوس هيبة وجلالًا، فهذا يمسك بالحطيم، وذلك يتعبد في مقام إبراهيم، وهذا عند الركن اليماني، وآخر متعلق بأستار الكعبة".

ويأتي كلام الأستاذ وجيه دقيقًا فاصلًا بين القولين حين يقول:

"وأنت حينما تتأمل الناس في الحج لا تلمح بينهم إلا التعاطف والمحبة والرغبة الصادقة في مساعدة بعضهم البعض، رغم اختلاف الألسنة وتباعد الديار، وهناك مع ذلك أشياء لم ترقْ لي من تصرفات بعض الناس الذين ينسون أحيانًا أنه لا رفث ولا فسوق ولا جدال في الحج، ولكن هؤلاء قلة والحمد لله يكتسحهم سيل الخير الدافق، فيصبحون نسيًا منسيًّا".

وثمة شعور اتفق عليه الجميع، ذلك هو شعور الإعجاب والتقدير للجهود العظيمة، التي بذلتها وتبذلها الدولة السعودية، في سبيل تيسير الحج، وراحة الحجاج، فمن حج قبل سنين ثم حج هذا العام، يشعر بالفرق العظيم بين حالة الأماكن المقدسة إذا ذاك وحالتها اليوم، يلمس ذلك كل حاج وقد عبر عن ذلك الأستاذ الستاوي فيقول معترفًا بقيمة هذه الجهود التي يلمسها كل حاج!

"في توسيع بناء الحرم على هذه الصورة الرائعة .... في توفير الراحة والأمان لكل حاج .... فلا نشالين ولا سرقات .... وفي شق الطرق الجديدة العديدة حتى بين الصخور .... في نظام السير الدقيق الذي يشارك في إقراره أمير مكة بنفسه .... في النظافة وأسباب الوقاية من الأمراض فلا يسمح بذبائح بين الخيام وفي توفير الأطعمة والمياه. حتى في منى وعرفات وكل ما يلزم الحاج بكميات تزيد عن الحاجة ".

وهذه التيسيرات العظيمة التي قامت بها السعودية هي التي جعلت الحجاج يطلبون المزيد من الجهود للتنظيم والتسهيل كما نرى ذلك في المقترحات التالية يقول الحاج سليمان:

"بقيت أمور تواجه المقبلين على أداء الفريضة ، يتمنى المرء لو وجد لها الحل الملائم:

١ - مشكلة المطوف، وعدم عنايته بإقامة الخلق في أماكن لا تتوافر لها -دوما- الشروط الصحية مع تقاضيه أجور أتعاب لا بأس بها، حبذا لو تعهدت بذلك مؤسسات تخضع لرقابه صادقة.

٢ - مؤسسة النقل العام التي تسرف في أخذ الأجور مما يجبر الحاج على استخدام التاكسي ليدفع له مرة ثانية.

٣ - إرشاد الحجاج التائهين عن أماكنهم في منى -رغم الجهود التي تبذلها الكشافة- غير كاف وحبذا لو شارك فيها عدد من الكشافين من سائر البلاد الإسلامية بعد تدريبهم.

٤ - ماذا لو وضع مخطط ينفذ على سنوات للتوسع في بناء دورات مياه، تنتشر في أرجاء منى وعرفات.

ويقول الحاج وجيه:

"يجب أن ينشأ مصنع في مكة أو في منى، لتعليب فائض هذه الكميات الهائلة من الذبائح، وبذلك تضمن إطعام الكثير من الفقراء على مدار السنة بجانب تشغيل أيد عاملة مسلمة كثيرة في هذا المصنع وحبذا لو أنفق على هذا المصنع من أموال البلدان الإسلامية جميعًا".

ويود الحاج أحمد اليازورى أن يكون هناك تنظيم واستعداد أكثر لنقل الحجاج إلى بلادهم بعد الحج، فإن المرء ليرهقه الانتظار في مكة وجدة ... وهناك بعض التعقيدات في عملية السفر من مكة إلى جدة ومن هناك إلى الخارج، واتفق الأستاذ الصيرفي والشيخ داود والأستاذ وجيه على أن يكون هناك إعداد ثقافي وتنظيمي للحجاج في كل بلد قبل رحلتهم، وفي ذلك يقول الحاج وجيه:

"ينبغي على كل بلد إسلامي أن يهيئ حجاجه تعبئة اسلامية أصيلة، فتنظم لهم دراسات مبسطة واضحة، يعلمون من خلالها مناسك الحج الصحيحة، ويذكرون بإخلاص العبادة

وآداب الحج وأن الدين الإسلامي هو دين النظافة والنظام، فيتبعون ما تمليه عليهم النظافة والنظام في فترة وجودهم في الحج بل وفي كل فترات حياتهم".

ويضيف الأستاذ الصيرفي إلى ذلك أن يكون هناك لجنة عليا لشؤون الحج، لها مندوبون في كل بلد إسلامي، يشرفون على توجيه الحجاج قبل سفرهم كما يتلقاهم مندوبون منها عند وصولهم، على أن يكون لهذه اللجنة صفة الدعوة والتطوع، لا صفة الوظيفة الرسمية.

ويرى الحاج داوود: أن الجهل بالإسلام هو الثغرة التي تسرب إلى المسلمين منها كل سوء، ولا يقوم بسد هذه الثغرة إلا الذين يعرفون الإسلام وهم العلماء، ويرى أن الحج هو الفرصة الملائمة لالتقاء العلماء من كافة ديار الإسلام، لوضح مخطط تعليمي توجيهي، يسير عليه العلماء والمرشدون في جميع بلاد المسلمين، ليؤدى ثمرته المرجوة في وقت مناسب.

ويرى الأستاذ وجيه أنه:

"إذا فقدنا الأمل في قادة المسلمين فيجب أن ننظر بأمل نحو الشعوب الإسلامية ذاتها، فينتقى من كل بلد إسلامي صفوة أهل الرأي، وذوي الدين الصحيح، والضمير الحي، من الحجاج، ليناقشوا أمور المسلمين وما ينبغي عمله من أجل هذه الأمة الإسلامية الحائرة، والمغلوبة على أمرها ومن أجل إحياء الإسلام الذي أصبح غريبًا في بلاده".

الإجابة عن السؤال الثالث:

يقول الشيخ داوود في النصيحة لمريد الحج:

"إن لكل بلد ظروفه، من قرب وبعد وعلاقة، فلا تشمل الجميع نصيحة واحدة إلا النصح بأن يجتمع رفقة متفاهمون، فيسافروا معًا، ويؤدوا المناسك معًا، وهذا يوفر عليهم جهدًا ومالًا، ويساعدهم على كثير من التبصر في أحكام الحج، وعلى حسن الاعتبار بما يشاهدون، وإذا عبدت الطرق، الموصلة للحج من أي بلد كان، فالحج بالسيارات يبدو أروع وأمتع، والسيارات هناك تفيدهم كثيرًا في التنقل".

ويقول الحاج غزلان:

"الحج في الشتاء أفضل منه في الصيف، وعلى من وجب عليه أن يبادر في هذه السنوات فلا حر ولا قر".

ويقول أيضًا مخاطبًا الحجاج: -

"وعليك بإتقان كل عمل تتناوله، ولا تقدم عليه قبل أن تسأل أهل الذكر إن كنت من الذين لا يعلمون فكثير من الحجاج يقعون في الخطأ، ويتركون الواجبات ويفعلون ما لا يستحب".

أما الأستاذ اليازورى فيقول:

"فعلى الحاج أن يتزود بما يحتاجه من ملابس ونقود كافية، وأن يخفف من متاعه، فأيام الحج كلها تنقل، تحتاج إلى التخفيف، وعليه أن يعطي المدينة وقتًا كافيًا لا يقل عن أسبوع. ليعيش قرب الرسول صلى الله عليه وسلم، ففي المدينة يحس المسلم بروحانية لا يحس بها في مكان آخر، ثم عليه أن يلتزم السكينة، وعدم مدافعة الآخرين، أثناء تأدية مناسك الحج، وإن كان معه زوجة أو أم أن يبكر أو يتأخر في رمي الجمار لشدة الزحام، ثم أخيرًا يحسن أن يتزود ببعض الأدوية اللازمة لآلام الرأس، والإسهال، والإمساك والأنفلونزا، وخير نصيحة أن يستشعر أنه في رحلة العمر فليستفد من كل لحظة في العبادة وفعل الخيرات".

وأخيرًا يوجه الأستاذ الصيرفي:

"نداء إلى شباب الإسلام أن يسارعوا، إلى تأدية مناسك الحج، وهم في أوج قوتهم، وكمال همتهم لأنهم على إقامة شعائره أقدر، وهم أحوج ما يكونون إلى التزود من مواطن الرسالة الأولى بفيض من النور واليقين والفهم والثبات".

ومن الجميل أن جميع الحجاج سألوا الله أن يوفقهم إلى حجة أخرى، يزدادون فيها إيماناً مع إيمانهم، حقق الله آمالهم وآمالنا، وجمعنا على الطاعة، إنه سميع قريب. .

ويذكر الحاج أحمد محمد يوسف سرور الذي حج عام ١٩٧١م أنه حج مع راشد بن عيسى النعيمي، من أهل الوكرة، وقد استغرقت هذه الرحلة شهرًا تقريبًا، منها ٥ أيام عن طريق البحر، وبتنا الليلة الأولى في الأحساء، ثم في الرياض، وبعدها عفيف، ثم في الطائف وأخيرًا في مكة المكرمة ، وكان أهل قطر ينطلقون للحج يوم عيد الفطر المبارك، وكانوا يذهبون في رحلة واحدة من مختلف أنحاء قطر[(١)].

---

(١) الغوص عن اللؤلؤ في قطر ، عن مجلة الريان ، العدد ٢٥ مارس ٢٠١٠ ، مقابلة أجراها عادل الكلدي، ص ٥٩٨، ومقابلة مع المؤلف يوم ١٣ مارس ٢٠١٣ في دكانه في سوق واقف.

اسرة تحرير المجلة		اسرة تحرير المجلة
محمد عبدالرحمن بكر أحمد محمد صديق سعيد عبدالله سلمان	# «الحق» [illegible] يصدرها طلاب المعهد الديني الثانوي	محمد عبدالله الانصاري حمد عبدالعزيز الكواري محمد شريف أحمد

العدد الاول — قطر — الدوحة — رمضان ١٣٨٣هـ

اقرأ في هذا العدد

معذرة وتهنئة

عزيزى القارىء

كان المقرر أن يكون هذا العدد في يديك مع قدوم رمضان المبارك ، ولكن أقداراً غالبة، جعلته يتأخر حتى بدت بشائر العيد ، فمعذرة إليك ، وتهنئة خالصة من أسرة المجلة وإدارة المعهد بالعيد السعيد ، أعاده الله عليكم بالأمن والايمان ، والسلامة والإسلام والتوفيق لما يحب ويرضى

مدير المعهد
يوسف القرضاوي

ذكريات:

ويتذكر الشيخ ثاني بن خالد آل ثاني قائلًا: «في مكة نزلنا في فيلا دورين في الروضة بالقرب من الحرم؛ حيث كان يلازمنا مطوف اسمه صالح بن أسود، وفي منى رأينا الشيخ سحيم بن حمد ومعه ابنه حمد وكان صغيرًا، وقد حجز أرضًا في مِنى من جهة الجنوب وكان بها كهرباء، ودعانا للجلوس عنده والغداء معه، ورأينا حملة أبو زوير الدوسري، ومحمد بورحمة، ومنيف الكعبي، وغيرهم، فقد كنا نحرص على التزاور فيما بيننا أبناء قطر».

ويروي يوسف أحمد أنهم في مكة نزلوا في شعب بني عامر في بيت قديم، نزل الرجال في غرفة مشتركة، وحمام مشترك، ونزلت النساء في غرف منفصلة وكن يرتدين لبسًا أخضر، ويشتركن معًا في إعداد الطعام، وكان يسودهن مشاعرُ من المودة والإخوة.

وكان الطبيخ على الحطب في نفس البيت فنظل نشم رائحة الطبيخ ليل نهار، وأذكر أن عددًا من الحجاج أصيب بإسهال شديد، واشتكينا للمقاول، فقال لنا إن الذباح الذي يسويه كان يأكل من عشب الحرمل، وهذا العشب مسهل بطبيعته، ومفيد للأمعاء، فقلنا له: كل أنت منه.

ولقد طافت الوالدة على حامل، وسعت بالكرسي المتحرك، وخالتي كانت معها تساعدهم، ولقد سرقت خالتي في أثناء السعي.

ولا زلت أذكر مشهد الحجاج وهم يغتسلون بماء زمزم ومنهم من اصطحب معه (كفنه) ليغسله بماء زمزم، ويرجع به، فإذا توفي يكفنونه به.

لقد كان الحرم أصغر مما هو عليه الآن، وأرضيته من الحصى الصغير، وكانت الدكانين ملاصقة له.

الحاج جمعة محمد آل بوعفرة الكواري

ذكريات الحج مع المقاولين:

يسترجع الحاج جمعة محمد آل بوعفرة الكواري ذكرياته عن الحج من قطر قديمًا، وهو من رواد حملات الحج والعمرة،

حيث يعود تاريخ تأسيس حملته إلى أكثر من نصف قرن وقد توارث الحاج جمعة العمل في هذا المجال عن والده وبدوره قام مؤخرًا بتسليم المهمة إلى ابنه محمد ليواصل المسيرة في خدمة الحجيج.

أما عن ذكرياته المبكرة فإنها تعود إلى فترة الخمسينيات فلم تكن هناك طرق ممهدة بين قطر والسعودية كما هو الحال الآن وكانت وسيلة السفر الوحيدة بالنسبة لنا هي سيارات البيك آب من نوعي فورد أو دودج، حيث تقطع السيارات المسافة إلى هناك عبر طرق صحراوية ورملية في رحلة شاقة تستغرق ما بين أسبوع و١٠ أيام وتتعرض خلالها السيارات للكثير من الأعطال لأنها كانت سيارات قديمة ومتهالكة وعندما كانت إطاراتها تغوص في الرمال أو تتعرض لأي أعطال كان الجميع يتعاونون مع مسؤولي الحملة ويساعدون في تحريك السيارة، فقد كانت السيارات تواجه صعوبات شديدة في اجتياز منطقة أم حويط الواقعة بين قطر والسعودية نظرًا لكثرة الكثبان الرملية في المنطقة لذا كان المسافرون يفضلون المرور بمحاذاة البحر للابتعاد عنها بقدر الإمكان ومن كان يغامر بالمرور عبرها فإنه كان عليه أن يستعد لتحمل الكثير من المخاطر التي تصل إلى حد إمكانية تعطل محرك السيارة، حيث كان الحجاج يأخذون أغراضهم معهم ما كان يشكل حملًا زائدًا على السيارة.

من اليسار الحاج محمد بن جمعة بن مبارك البوعفرة الكواري، ويليه ابنه الحاج جمعة ثم أحد المساعدين أثناء مرافقتهم للحملة أوائل الثمانينيات

سيارات الحملات:

كان إجمالي عدد الحملات ٤ فقط أما عدد الحجاج فقد كان في حدود ٢٠٠ حاج، وكانوا جميعًا يستقلون سيارات بيك آب كبيرة تستوعب الواحدة منها ما بين ٤٠ إلى ٤٥ حاجًّا في الوضع الطبيعي وقد يصل عدد الحجاج في كل سيارة إلى ٢٠ فقط، في حال ما إذا كانت هناك أغراض كثيرة برفقتهم وقد استمر استخدام السيارات البيك آب كوسيلة لنقل الحجاج حتى نهاية فترة الستينيات التي شهد ظهور الباصات.

وأوضح أن السيارات كانت تتحرك من الدوحة في الغالب في العاشر من شهر ذي القعدة من أجل الوصول إلى الأراضي المقدسة قبل وقفة عرفات بنحو ١٠ أيام وكان المقاولون يضعون في حسبانهم إمكانية تعطل السيارات وهو ما كان يحدث كثيرًا وقال إن تكلفة رحلة الحج كانت في حدود ٥٠٠ ريال.

إعداد الطعام:

نظرًا لطول مدة السفر والمصاعب المتعلقة بوسائل المواصلات وعمليات تجهيز الوجبات فقد كانت كميات الطعام المتاحة محدودة وكان الإفطار في الغالب عبارة عن تمر فقط أما الغداء فقد كنا نقوم بتأخيره حتى الساعة الرابعة عصرًا لتكون تلك الوجبة بمثابة غداء وعشاء في نفس الوقت وكانت الوجبة عبارة عن أرز ودجاج أو أرز مع اللحم وكان لدى كل حملة أشخاص معنيون بتجهيز الطعام للحجاج.

السكن في المدينة ومكة:

كان الوصول للمدن المقدسة مكة والمدينة هو غايتنا ولم يكن هناك نظام حجز سكن مسبق كما هو الحال الآن، فقد كانت الأماكن متوفرة وبعض البيوت اعتدنا على النزول فيها، كما كانت هناك منطقة فضاء مخصصة لأهل قطر وكان الحجاج يقومون بنصب خيامهم بأنفسهم فيها وعندما تطور الأمر بدأنا نحجز للحجاج في شقق ولكنها لم تكن مكيّفة، وتحسنت البيوت في الثمانينيات وما بعدها.

وتابع: قبل افتتاح مركز أبو سمرة الحدودي كان مركز الجوازات في منطقة روضة أم الشبرم بالقرب من محطة الأقمار الاصطناعية حاليًا وهناك كان الحجاج يقومون بإنجاز إجراءات سفرهم أو وصولهم.

استقبال الحجاج:

وفيما يتعلق بكيفية استقبال المواطنين العائدين من الأراضي المقدسة قال الحاج جمعة: كانت أعداد كبيرة من المواطنين يترقبون عودة ذويهم من الحجاج بسعادة غامرة حتى إنهم كانوا يستطلعون باستمرار أخبارهم من المسافرين العاديين العائدين من السعودية وعندما يعلمون أنهم قد وصلوا إلى منطقة "عين نجم" بالأحساء يتجهزون بأعداد كبيرة للخروج لاستقبالهم في أبو سمرة ويظلون في انتظارهم هناك مدة يوم أو يومين وكان مشهد اللقاء مؤثرًا للغاية ويحرص المواطنون على وضع البيارق على المنازل ابتهاجًا بعودة الحجاج وذات المشهد كان على السيارات التي تقلهم حيث كان السائقون يضعون البيارق عليها .

وعقب عودة الحاج كان يظل لمدة أسبوع يتلقى العزيمة من الأقارب والأصدقاء وفي كل يوم كان يتناول الطعام في بيت مختلف.

رؤساء بعثة الحج:

أما عن أهم رؤساء بعثة الحج ولجنة شؤون الحج القطرية فيقول جمعة الكواري: تولى رئاسة بعثة الحج منذ إنشائها عدد من الشخصيات القطرية المعروفة من بينهم السادة: أحمد بن بادي البادي، شاهين بن غانم الغانم، عبد الله بن إبراهيم الأنصاري، محمد عبد الله الأنصاري، محمد بن علي المعاضيد، عبد الرحمن بن علي العقيلي، عبد الرحمن الحمادي، محمد عبد اللطيف المانع، عبد الرحمن المحمود، فيصل المحمود، صالح محمد المري وغيرهم.

فضيلة الشيخ يوسف القرضاوي

فضيلة الشيخ يوسف القرضاوي

يروي الشيخ يوسف القرضاوي ذكرياته عن الحج من قطر[1]، وروايته جديرة بالاهتمام، لكونها تمت في إطار حملة قطرية منذ أكثر من نصف قرن، ولمكانة الشيخ أولًا وأخيرًا، ولقد جاء فيها على لسانه:

وكان من أهم أعمال سنتي الأولى في قطر (١٣٨١هـ-١٩٦١م) رحلتي لأداء مناسك الحج: حج الفريضة، فقد استطعت «السبيل» إلى الحج، فلا ينبغي أن أؤخره، صحيح أن هناك من أئمة المذاهب الإسلامية من يقول: الحج مفروض على التراخي، ولكنه يحمل الإنسان المسؤولية لو واتته الفرصة ولم يغتنمها، ثم فقد الاستطاعة بعد ذلك، فهو يتحمل وزرها.

ولذا لم أر أفضل من التعجيل، فقد قال تعالى: ﴿فَٱسْتَبِقُوا۟ ٱلْخَيْرَٰتِ﴾ (البقرة: ١٤٨)، وقال سبحانه: ﴿سَابِقُوٓا۟ إِلَىٰ مَغْفِرَةٍ مِّن رَّبِّكُمْ وَجَنَّةٍ عَرْضُهَا كَعَرْضِ ٱلسَّمَآءِ وَٱلْأَرْضِ أُعِدَّتْ لِلَّذِينَ ءَامَنُوا۟ بِٱللَّهِ وَرُسُلِهِۦ﴾ (الحديد: ٢١).

وفي الحديث: «تعجلوا إلى الحج، فإن أحدكم لا يدري ما يعرض له».

وفي الأمثال: خير البر عاجله. والشاعر يقول:

انتهـز الفرصـة إن الفرصـة   تصـير إن لم تنتهزهـا غصـة

وقد نويت أن أحج وحدي دون اصطحاب العائلة، فقد كانت زوجتي حاملًا في ابنتي الثالثة «عُلا» وكان عندها طفلتان، فلم يكن معقولًا أن تحمل على يديها، وتحمل في بطنها، وتحتمل مشاق الرحلة، فأجلت حجها إلى حين، وكنا في أواخر السنة الدراسية، فرأيت أن سفرها إلى مصر مدة غيبتي في الحج أوفق وأولى، بدل أن تبقى وحدها.

---

(١) انظر: ابن القرية والكتاب، ملامح سيرة ومسيرة، الجزء الثاني، الدكتور يوسف القرضاوي، دار الشروق، القاهرة - الطبعة الثانية ٢٠٠٩م، ص٣٧٩-٣٩٠.

وسافرت إلى الحج، وكان الجو حارًّا، فقد كان في الشهر الخامس (أيار مايو)، وأذكر ممن حجوا معي في تلك السنة: الأخوين الكريمين: عبد الحليم أبو شقة، ومحمد الشافعي صادق.

ولم تكن هناك في ذلك الوقت رحلات مباشرة من الدوحة إلى جدة، فركبنا إلى الظهران، ثم من الظهران إلى الرياض، ثم من الرياض إلى جدة. أخذ سفرنا إلى جدة قرابة يوم كامل.

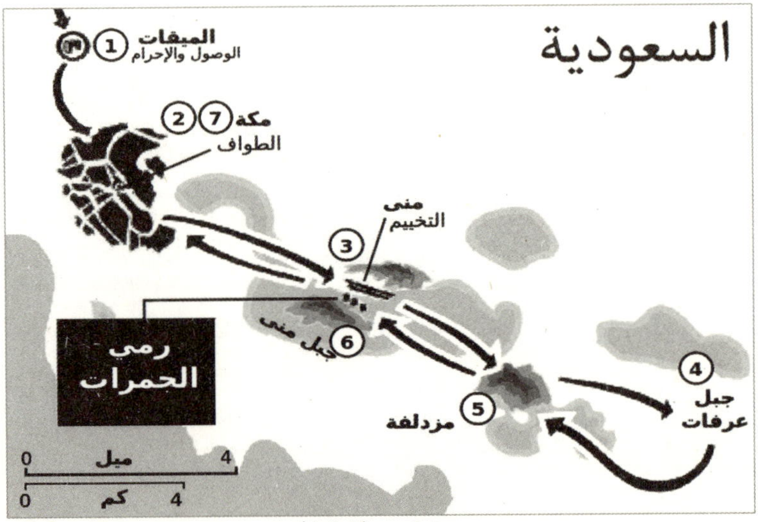

رسم توضيحي لمناسك الحج

في جدة:

ونزلنا في جدة لأول مرة، فلم يتح لي من قبل أن أزور أي مدينة في المملكة العربية السعودية، وكانت جدة مدينة صغيرة، أو قرية كبيرة، جدة القديمة، بأسواقها العتيقة وميناها، وفنادقها الصغيرة والمحدودة القدرات والخدمات، وأذكر أننا بتنا ليلة في فندق يسمى «فندق الحرمين» ولا أدري: ألا يزال باقيا أم لا؟

إلى المدينة. وذكريات العقارب !!

ومن جدة سافرت إلى المدينة المنورة، وكانت مثل جدة، بل أقل كثيرًا في عمرانها وتطورها، إلا ما أضافه الملك عبد العزيز رحمه الله إلى المسجد النبوي، وهي إضافة لها قدرها وقيمتها،

في توسعة المسجد، وإن كانت لا تسع كل المصلين في أيام الموسم، فالصفوف تتصل وتمتد نحو نصف كيلو أو أكثر، ولا سيما من الناحية الشمالية.

لم تكن في المدينة فنادق كافية مناسبة، وكان معظم الناس يستأجرون بيوتًا أو حجرات في بيوت، وكانت بيوت المدينة قديمة في بنائها، قديمة في تجهيزها، قديمة في أثاثها.

وكان الذين حجوا قبلنا يخوفوننا من شيء واحد في بيوت المدينة، هو «العقارب»! وخصوصًا في حر الصيف الذي يهيج هذه الحشرات. وأنا شخصيًّا لا أدعي الشجاعة، فأنا أخاف من هذه المخلوقات التي لا نعرفها في الوجه البحري من مصر، والتي يشبهون بها بعض الناس من المؤذين لخلق الله، فيقولون: إنه كالعقرب، يلدغ ويختفي.

ولهذا استأجرت الحجرة، ولم أكن أنام بها إلا قليلاً؛ خوفًا من حمة العقرب، وكثيرًا ما كنت أذهب إلى الشارع، أو إلى المسجد أول ما يفتح.

وإذا فُتح المسجد، فإني لا أكاد أتركه، ففيه أجد قرة عيني، وأنس قلبي، وسكينة نفسي، وأشعر براحة لا أجدها في غيره، ولا سيما في «الروضة الشريفة» التي كنت أقضي ما تيسر لي من الوقت في رحابها، متمتعًا بالصلاة حينًا، وتلاوة القرآن وذكر الله حينًا آخر.

ثم أسعد بالسلام على رسول الله، وما كان أسعدني حين وقفت أمام قبره ﷺ لأول مرة في حياتي، أناجيه وأسلم عليه، كأنما هو حي حياة حسية أمامي، ولِم لا؟ ألم يقل الله تعالى: ﴿وَلَا تَحْسَبَنَّ ٱلَّذِينَ قُتِلُوا۟ فِى سَبِيلِ ٱللَّهِ أَمْوَٰتًۢا ۚ بَلْ أَحْيَآءٌ عِندَ رَبِّهِمْ يُرْزَقُونَ ١٦٩﴾ [آل عمران]. فإذا كان الشهداء أحياء عند ربهم، أفلا يكون الأنبياء أحياء، فما بالك بسيد الرسل وإمام الأنبياء؟

إنه ليس شعوري وحدي، إنه شعور كل المؤمنين من حولي، يستحضرون رسول الله كأنه معهم، وليس هذا تقديسًا ولا شركًا، كما قد يتوهم بعض الجامدين، إنه الحب والوجد والعاطفة! وهذه لها منطقها، ولها خطابها الخاص الذي لا يخضع لمنطق الأرقام والحساب والأمور الظاهرية.

وفي المدينة توجد مساجد تزار، يسمونها المساجد السبعة، وبهذا تتميز المدينة عن مكة، فليس في مكة أي شيء يزار.

ويوجد (مسجد قباء) الذي كان الرسول ﷺ يزوره كل سبت، وفيها البقيع الذي دفن فيه عدد من الصحابة رضوان الله عليهم.

وفيها: جبل أُحد الذي وقعت عنده الغزوة، وهو الذي ورد فيه الحديث الصحيح: «أحد يحبنا ونحبه». وما أروعها كلمة، تعبر عن حقيقة شعور المسلم بالكون من حوله!

ويوجد هناك قبر سيد الشهداء حمزة بن عبد المطلب عم رسول الله، وأسد الله وأسد رسوله في أحد.

من المدينة المنورة إلى مكة المكرمة :

وبعد عدة أيام قضيناها في المدينة، ربما كانت أربعة إن لم تكن خمسة، كما يحرص أكثر الناس على ذلك؛ لما روي لهم من حديث غير صحيح عن النبي ﷺ.

ولا شك أن الصلاة في المسجد الحرام بمائة ألف صلاة في المساجد العادية، وأن الصلاة في المسجد النبوي بألف صلاة فيها. ومعنى هذا: أن الصلاة في المسجد الحرام تعدل مائة صلاة في المسجد النبوي.

فحزمنا متاعنا القليل للسفر إلى مكة، عن طريق جُدَّة: الطريق القديم، قبل شق الطرق الحالية السريعة المهيأة، فكان علينا أن نتهيأ للإحرام في الطريق قرب المدينة من «آبار علي» وهي قرب «ذي الحليفة» الميقات الذي حدده الحديث النبوي، وهو أبعد المواقيت عن مكة، ومن «آبار علي» أحرمنا متمتعين، وقلنا: لبيك اللهم عمرة، فإذا أدينا العمرة تحللنا من الإحرام، ولبسنا ثيابنا، وبقينا أحرارًا حتى نحرم بالحج يوم التروية، وعلينا هدي، كما قال تعالى: ﴿فَمَن تَمَتَّعَ بِٱلْعُمْرَةِ إِلَى ٱلْحَجِّ فَمَا ٱسْتَيْسَرَ مِنَ ٱلْهَدْيِ﴾ [البقرة: ١٩٦]. وأخذ الطريق نحو ثماني ساعات إلى مكة على ما أذكر، حتى انتهينا إلى البلد الحرام، والذي ولد فيه محمد ﷺ،

ونشأ في ربوعه، وتعبَّد في جباله، ونزل عليه الوحي، وهو في غار حراء وفيه بدأ الدعوة إلى الإسلام، ولقي ما لقي هو وصحابته الذين رباهم في «دار الأرقم».

لأول مرة ترى عيني المسجد الحرام، والبيت الحرام، أول بيت وضع لعبادة الله في الأرض، ومنه تهب على المرء الذكريات المحمدية من قريب، والذكريات الإبراهيمية من بعيد.

ها هو ذا البيت الذي نولي وجوهنا شطره خمس مرات كل يوم، نراه بأعيننا، ونطوف حوله بأقدامنا، وللبيت العتيق إيحاء عجيب، وتأثير عميق، في نفس المسلم، لا يستطيع الإنسان أن يصوره، ولكن يحسه ويشعر به في أعماقه.

وكان أول ما شغلنا به فور وصولنا إلى مكة: أن نفرغ من أعمال العمرة، والعمرة هي: الإحرام والطواف والسعي، ثم الحلق أو التقصير. وفي أقل من ساعة ونصف أنهينا أعمال العمرة.

ومما أذكره: أنه في هذه السنة اكتمل بناء المسعى الجديد، وإن لم يتم «تشطيبه» وتكييفه، وقد حدثنا الذين حجوا في السنة الماضية (موسم ١٣٨٠هـ/ ١٩٦٠م) أن الناس كانوا يسعون بين المحلات التجارية، عن يمين وشمال، وبين الباعة والمشترين والمتجولين، وقد تجد حولك من يركب حمارًا، أو يجر عربة، أو نحو ذلك. على خلاف ما نرى عليه المسعى اليوم، وقد أصبح جزءًا من المسجد الحرام، وإن أفتى العلماء أنه لا يأخذ كل أحكام المسجد، فيجوز أن تدخله الحائض والنفساء.

وأردنا أنا والأخوان الكريمان: عبد الحليم أبو شقة ومحمد الشافعي أن نسكن في فندق قريب من الحرم، يمكننا من أداء الصلوات الخمس فيه بيسر وسهولة. فكان أقرب الفنادق المحترمة في ذلك الوقت، هو «فندق بنك مصر» - الذي يسمى الآن «فندق الكعكي»- في شارع أجياد.

وكان الإقبال على الفندق شديدًا، وخصوصًا كلما قربت أيام الحج، فلم يجدوا لنا مكانًا إلا صالة ملئت بالأسِرَّة، وكل سرير معه ما يسمونه (كوميدينو)، وقلنا: لا بأس، فهذه رحلة عبادة ونسك، وليست رحلة رفاهية وتنعم.

ومن حسن حظي أن وجدت بجواري اثنين من أهل قريتي، وهما من أعيان البلدة، أحدهما: الأستاذ علي حمزة خضر (المستشار الآن)، وأظنه كان وكيل نيابة في ذلك الوقت، والثاني: هو الحاج عبد القادر العيسوي، وهو من الرجال الأفاضل الذين عرفوا بالتدين والصلاح والنزعة الصوفية، وقد فرحت بلقائهما كثيرًا، كما فرحا بلقائي، ومن المعروف أن رحلة الحج لها نفحات وبركات، ومن نفحاتها توثيق الأواصر بين الحجاج، فيقول أحدهم: لقد كان رفيقي في الحج منذ عشرين أو ثلاثين سنة!

ولكن هذه الصحبة بيننا أبناء صفط لم تدم طويلاً، فبعد يومين أو ثلاثة عرفنا أن الشيخ قاسم بن حمد آل ثاني -وزير المعارف- يحج هذا العام، ونزل ضيفًا على الحكومة السعودية التي خصصت له ولمن معه منزلاً كبيرًا مجهزًا في مِنًى. فرأينا من اللائق أن نذهب إليه، ونسلم عليه باعتبارنا موظفين في الوزارة، وبيننا وبينه مودة.

الشيخ قاسم بن حمد بن عبد الله آل ثاني

صورة من قافلة المغفور له الشيخ قاسم بن حمد بن عبدالله أثناء رحلة الحج

الاستضافة في منى والحج المرفَّه:

وبالفعل ذهبنا إلى منى، وسلمنا على الوزير، ودعانا لتناول الغداء معه، ثم سألني: أين تقيم؟ فقلت: نقيم نحن الثلاثة في فندق بنك مصر. فقال: أنتم ضيوف عندي هنا من اليوم، هاتوا أمتعتكم وانضموا إلينا. قلنا: نحاسب الفندق، ونأتي إليكم من الغد إن شاء الله.

وفعلاً عدنا إلى الفندق لنبيت فيه ليلتنا، ونحاسبه، ونودع أصدقاءنا. وخصوصًا ابنَيْ قريتي اللذين آنست بهما، كما آنسا بي، لا سيما «علي حمزة خضر» الذي كان مثالًا في الأدب والتواضع،

والحرص على خدمة الآخرين، وكم كنت حريصًا على أن أبقى معه طوال مدة الحج، لأزداد معرفة به، ودنوًّا منه، ولكن لم يمكنني القدر من ذلك، ولم يقدر لي أن ألقاه بعدها إلى اليوم، وإن كنت أعرف شيئًا من أخباره ومآثره عن طريق زميله في القضاء، صديقنا المستشار «علي» الذي رافقنا في قطر مدة طويلة، وكان ينقل لي: أن «علي خضر» كان في نظر زملائه جميعًا آية في الفضل ومكارم الأخلاق.

انتقلنا إلى مِنى في صحبة الشيخ قاسم، أو الشيخ جاسم، كما ينطقها القطريون وأهل الخليج، حتى إن بعضهم ناقشني أن أصلها «جيم» وليس «قافًا». وقلت لهم: أنا لا أشك في أن أصلها قاف، فإن أهل الخليج ينطقون «القاف» على عدة أوجه، فأحيانًا ينطقونها جيمًا معطشة مثل «جاسم» في «قاسم»، وأحيانًا «جيمًا قاهرية» غير معطشة أو «كافًا فارسية»، مثل قولهم: أجول أي أقول، ومثل قولهم: يا رفيج أي يا رفيق، وتارة ينطقونها «غينًا» مثل قولهم: عبد الغادر في عبد القادر، وليلة الغدر في ليلة القدر، وعيد الاستغلال أي الاستقلال. ولا يوجد في الخليج من ينطق القاف همزة مثل أهل القاهرة وأكثر الوجه البحري في مصر.

والدليل على أن «جاسم» أصلها «قاسم»، أن أهل الخليج يكنون محمدًا «أبا جاسم». وقد كان النبي يُكنى بـ «أبي القاسم»(١).

وشاء الله أن ننتقل إلى حج مرفّه، نأكل الخراف والمكبوس كل يوم، وننام على الحشايا وفي التكييف. وفي يوم التروية الثامن من ذي الحجة أحرمنا بالحج من حيث نقيم، فنحن في منى.

وفي يوم عرفة بعد أن صلينا الفجر، وتناولنا الفطور، نقلتنا سيارات معدة بسرعة فائقة إلى صعيد عرفات، حيث بركة المكان، وبركة الزمان، وبركة تنزل نفحات الرحمن، فهذا يوم

---

(١) لقد حسم الشيخ جاسم نفسه وبخط يده كما يظهر في سلسلة النسب التي جاءت كما يلي: جاسم بن محمد بن ثاني بن محمد بن ثامر بن علي بن سيف بن محمد بن علي بن راشد بن علي بن سلطان بن بريد بن سعد بن سالم بن عمر بن معضاد بن محمد بن إدريس بن علي بن محمد بن علوي بن قاسم بن موسى بن مسعود بن عقبة بن مسعود بن حارثة بن حنظلة بن عامر بن ربيعة بن ساعدة بن ثعلبة بن ربيعة، وهكذا فرق جاسم في سلسلة النسب بين اسمه هو، وبين قاسم وليس جاسم الذي جاء متأخراً في سلسلة النسب المرفوع إلى موسى بن ربيعة .. وهو بذلك يحسم قضية رسم الاسم التي كثيراً ما تلتبس على بعض الباحثين خاصة من غير أبناء المنطقة.

العفو والغفران، يوم يباهي الله ملائكته بهؤلاء الحجاج الذين جاءوا شعثًا غبرًا حاجين. إنه يوم لم يُرَ الشيطان في يوم أحقر ولا أدحر ولا أغيظ مما رُئِي في ذلك اليوم، إلا ما كان يوم بدر.

وقد أُعدَّت لنا خيمة كبيرة نزلنا بها، وجلسنا نذكر الله ذكرًا كثيرًا، ونسبحه بكرة وأصيلاً، أحيانًا ندعوه ونتضرع إليه، ونسأله كل ما نحب لنا ولأهلينا وذوينا وإخواننا وأخواتنا المسلمين، وأحيانًا نستغفره مما ألممنا فيه من الذنوب والخطايا، وأحيانًا نذكره بالباقيات الصالحات: سبحان الله والحمد لله ولا إله إلا الله والله أكبر، ونذكر حديث النبي: «خير الدعاء دعاء عرفة، وخير ما قلته أنا والنبيون من قبلي: لا إله إلا الله وحده لا شريك له، له الملك وله الحمد، وهو على كل شيء قدير». وأحيانا نتلو القرآن، وعندما جاء وقت الظهر، ذهب بعضنا إلى مسجد نَمِرة ليصلي مع الإمام، وبقي أكثرنا في الخيمة، وصلينا فيها الظهر والعصر جمع تقديم.

وتناولنا الغداء، وظللنا بعده ندعو ونذكر ونستغفر، ثم أخذتني سِنة من النوم، من طول التعب، فقال الشيخ قاسم بن حمد: الشيخ القرضاوي ينام في يوم الموقف العظيم! وأنا من الناس الذين نومهم خفيف، فسمعت كلام الشيخ فاستيقظت. فقال الشيخ: تنام في يوم الوقوف؟ قلت له: يا شيخ قاسم، العلماء قالوا: المراد بالوقوف في عرفة: الحضور والوجود، وليس المراد أن يظل المرء واقفًا على رجليه، ومن حق المتعب أن يستريح، وما جعل الله علينا في الدين من حرج، وأمامنا الليلة سهر طويل، قد يستغرق الليل كله؛ فلا حرج أن نستعين عليه بشيء من القيلولة، والمهم هو الإخلاص، وفي الحديث: «أخلص العمل يجزك منه القليل».

وبعد أن غربت الشمس أفضنا من عرفات، نفرنا إلى مزدلفة، وهي المشعر الحرام، وذكرنا الله بها، وصلينا المغرب والعشاء جمع تأخير.

ومما أذكره أننا وصلنا إلى مزدلفة بسرعة فائقة، قبل أن يأتي وقت العشاء، فهل نصلي المغرب والعشاء عند وصولنا، كما فعل الرسول؟ أو ننتظر حتى نصليهما تأخيرًا، كما فعل الرسول؟ ورجحنا أن ننتظر قليلاً، ونجمع بين الصلاتين جمع تأخير.

ثم تناولنا عشاء خفيفًا، وبدأنا نلتقط الحصى، ولا سيما جمرة العقبة، سبع حصيات. والأحوط أن نلتقط لليومين بعدها، فكان مجموع ما علينا أن نلتقطه: سبعًا وأربعين حصاة لكل حاج.

وعندما طلع القمر، وقد انتصف الليل أو أوشك، بدأنا نستعد للرحيل من مزدلفة، على مذهب الحنابلة ومن وافقهم الذين يجيزون لمن معهم بعض النساء والضعفاء ألا ينتظروا إلى الصباح. وهذا التيسير في أمور الحج مطلوب، وخصوصًا مع كثرة حجاج بيت الله الحرام، وازدحام الناس في المشاعر، فينبغي للعلماء أن يأخذوا بالأقوال التي تيسر على الناس، والله يريد بهم اليسر ولا يريد بهم العسر.

ذهبنا بعد منتصف الليل لنرمي جمرة العقبة، الجمرة الكبرى، وهي الجمرة الوحيدة المطلوبة في هذا اليوم، ثم حلق منا من حلق، وقصر من قصر، وأصبح من المشروع لكل منا بعد رمي الجمرة والحلق أو التقصير أن نلبس ملابسنا، فهذا هو التحلل الأول الذي يحل فيه للمحرم كل شيء إلا النساء. ولذلك مررنا بمقرنا في منى، وقضينا حاجتنا، وجددنا وضوءنا، وخلعنا ملابس الإحرام، ولبسنا ملابسنا العادية، استعدادًا ليوم الحج الأكبر، وقد قضينا بعض المناسك من الرمي والحلق، وبقي علينا الذبح والطواف والسعي. أما الذبح فقد أجلناه حتى نعود إلى منى. وأما الطواف والسعي، فقد نزلنا إلى مكة مسرعين، قبل أن تغرقنا الموجات الهائلة من زحام البشر في الطواف.

واستطعنا أن نطوف - بحمد الله - في سعة ويسر، وأن نسعى في سعة ويسر، فقد كنت في السادسة والثلاثين من عمري. وما أسهل المشي -بل العَدْو- عليَّ! ولم أكن ممن نشأ في الرفاهية والطراوة والترف، بل تعودنا الحركة والخشونة والمرونة من الصبا، وزادتنا السجون والمعتقلات قوة وصلابة، فالحمد لله. وبعد الطواف والسعي تحللنا نهائيًا من الحج، فمن كان معه زوجته حل له معاشرتها.

وأذكر أننا صلينا الفجر في الحرم الشريف، ثم امتطينا سياراتنا لنعود إلى منى، وهنا كانت المشكلة، فقد ازدحم الطريق، وتوقف السير تقريبًا، كل فترة نتحرك أمتارًا، ثم نقف، أظن أننا لم نصل إلا بعد أربع ساعات. وهذا يؤكد لنا أن ما يحدث اليوم من سيولة الحركة،

وسهولة التنقل، يعتبر إنجازًا كبيرًا بالنسبة لما كان في الماضي.

كنا قد وكلنا أحد الإخوة ليشتري لنا بقرة عن سبعة منا، وكان المعتاد أن يذبح الناس هديهم من الغنم والبقرة عادة، ثم يدعونها، فلا يستفيد منها أحد، ثم تطمر ويهال عليها التراب وتباد، حتى لا تؤذي الناس بروائحها ونتنها بعد حين. وهكذا كانت عشرات الألوف بل مئات الألوف من الهدايا والضحايا، دون أن ينتفع بها أحد، وهناك من المسلمين من لا يجد ما يمسك الرمق، أو يطفئ الحرق، وهذا قبل أن يدخل «البنك الإسلامي للتنمية» وغيره من المؤسسات، التي تعمل على تنظيم الانتفاع بلحوم الهدي، عن طريق توكيله في الذبح والتصرف في اللحم.

وكان الأخ عبد الحليم أبو شقة -رفيقنا في هذه الرحلة- له رأي إيجابي بنّاء في قضية الذبح، وهو أن الذي يضيع الانتفاع بالذبيحة هو عدم سلخها، ولهذا أصر على أن نأتي بمن يسلخ البقرة أو العجل، الذي اشتركنا فيه، فجاء هذا الجزار، وسلخ العجل، وقطعه عدة قطع، فإذا بالفقراء يختطفونه اختطافًا، كل ما حصلنا عليه شيء من الكبد وقليل من اللحم، قلنا: نأخذه لنأكل منه، ونطبق قوله تعالى: ﴿فَكُلُواْ مِنْهَا وَأَطْعِمُواْ ٱلْبَآئِسَ ٱلْفَقِيرَ﴾ [الحج: ٢٨].

لماذا رميت الجمار قبل الزوال؟

وبقينا في منى، نصلي فيها أحيانًا، وفي أحيان أخرى ننزل للصلاة في الحرم الشريف. ولنرمي الجمرات، ونذكر الله تعالى، كما قال الله: ﴿وَٱذْكُرُواْ ٱللَّهَ فِيٓ أَيَّامٍ مَّعْدُودَٰتٍۚ فَمَن تَعَجَّلَ فِي يَوْمَيْنِ فَلَآ إِثْمَ عَلَيْهِ وَمَن تَأَخَّرَ فَلَآ إِثْمَ عَلَيْهِۚ لِمَنِ ٱتَّقَىٰۗ﴾ [البقرة: ٢٠٣].

ولا أدري هل أكملنا الأيام الثلاثة أو اكتفينا باثنين؛ فقد كنا مقيمين بمنى، ولكن الذي أذكره أني أخذت برأي العلامة الشيخ عبد الله بن زيد المحمود في جواز الرمي قبل الزوال، فقد اقتنعت بأدلته، وأصبحت أزاوله بنفسي، وأفتي به غيري، وأنا مطمئن كل الاطمئنان.

صحيح أني كنت شابًّا، وأستطيع أن أرمي بعد الزوال وأزاحم مع المزاحمين، ولكني حسبت حساب أمرين:

الأول: أن شدة الزحام تفقد الإنسان لذة العبادة، وحلاوة الذكر والدعاء، فقد كان النبي يرمي الجمرة الأولى والثانية، ويطيل الدعاء بعدهما، ومن أين للإنسان أن يدعو في هذا المعترك الهائل؟

والثاني: أني طول عمري لا أطيق حرارة الشمس إذا اشتدت، فكيف بشمس مكة ومنى في أوائل الصيف؟

لهذا أخذت بالرخصة، والنبي ﷺ علمنا أن الله يحب أن تؤتى رخصه، كما يحب أن تؤتى عزائمه.

وبعد ذلك تهيأنا للسفر عائدين إلى قطر، بعد أن قضينا مناسكنا، وأدينا فريضتنا، وودعنا الشيخ قاسم بن حمد، شاكرين له ضيافته الكريمة، وذهبنا إلى مكة لنطوف طواف الوداع، ونصلي آخر صلاة في المسجد الحرام في هذه الرحلة الميمونة، داعين الله تعالى ألا يكون هذا آخر عهدنا بالبيت، وأن يوفقنا للعودة إليه مرارًا وتكرارًا، حاجين ومعتمرين.

ثم ذهبنا إلى جدة لنأخذ طريقنا إلى الدوحة، على الطريقة التي سافرنا بها، من جدة إلى الرياض، ثم ننتقل إلى طيارة أخرى من الرياض إلى الظهران، ثم إلى طيارة ثالثة من الظهران إلى الدوحة. والحمد لله الذي بنعمته تتم الصالحات، الحمد لله الذي هدانا لهذا، وما كنا لنهتدي لولا أن هدانا الله.(١)

---

(١) المصدر: موقع إسلام أون لاين.

إحصاء الحج:

في مجلة الحج السعودية، عدد ١٦ ذي الحجة ١٣٨٠هـ- يونية ١٩٦١م، جاء إحصاء هذا العام كما يلي، حيث بلغ عدد حجاج قطر ١٢٦٣، حجوا برًّا وجوًّا ...

إحصاء حجاج عام ١٣٨٠ هـ

جاء من سمو المشرف العام على الحج أن عدد الذين وقفوا بعرفات في هذا العام قد بلغ ٩٤٨ ر ١٨٥ ر ١ وبيانهم كالتالي :

الاجناس	القادمون براً عدد	القادمون جواً عدد	القادمون بحراً عدد	المجموع عدد
من مصر	٧٤	٢٧٥٥	٣٨٨٦١	٤١٦٣٩
» سوريا	٣٩	٢٠٩٧	٣٥٧٩	٥٧١٥
» لبنان	٦٣	١٢٣٤	٢٠٠	١٤٩٧
» فلسطين	١	٢١٤	٥٣٣٩	٥٥٥٤
» العراق	٢٢٦٢	٥٤٨٣	١	٧٧٤٦
» كبتاو		٣٣	٨١	١١٤
» بخارى		١٣	١١	٢٤
» افغانستان	١١٢	٢٢٧٦		٢٣٨٨
» ايران	١١٣	١٥٠٤٩		١٥١٦٢
» تركيا		٣٨٧	١٨١	٥٦٨
» الاردن	٢٦٠٠	٣٠٧	٢	٢٩٠٩
» اليمن	٥٩٣٢١	٨٥٠	١٠٨٥١	٧١٠٢٩
» تونس		٣١٩	٢٢٩	٥٤٨
» الجزائر	١	١٢٤٦	٧٨	١٣٢٥
» المغرب	٤٩	٦٩٦	١٨٤٤	٧٢٨٩
من مسلمى اليونان		١	٣٩	٤٠
» مسلمى يوغسلافيا			١٥٣	١٥٣
» مسلمى المانيا				١
» مسلمى بريطانيا		٣		٣
» مسلمى أمريكا		٢		٢
» مسلمى كندا		٣		٣
» مسلمى ازبكستان		١٣		١٣
» الكويت	٨٢٨١	٦١		٨٣٤٢
» الكنغو		٥٤		٥٤
» قطر	٩٣٨	٣٢٥		١٢٦٣
» دبى	٦٤٥	١٩		٦٦٤
» رأس الخيمة		٢		٢
» مهرة		٤		٤
» عجمان		٦		٦
» البحرين	٢٢٦٢	٢٠٠		٢٤٦٢
» عمان	٩٦٧	٣		٩٧٠
زوار الرجبية		١٩٩٣	.....	٨٧٨٠
من اجناس مختلفة		١٢٠	٢٥٣٤	٢٦٥٤
المجموع الكلى	٨٥٠٨٤	٥١١٣٠	١٤٩٨٣٤	٢٨٥٩٤٨

هذا وقد قدر عدد الاهالى الذين قدموا من كافة انحاء المملكة للحج بتسعمائة الف حاج فيكون المجموع ١١٨٥٩٤٨ .

وفي مجلة الحج السعودية، عدد ١٦ ذي الحجة ١٣٨١هـ الموافق ٢٠ مايو ١٩٦٢م، بلغ عدد حجاج قطر ٢٦٠٠.

إحصاء حجاج بيت الله الحرام

بلغ مجموع الحجاج الوافدين لى بيت الله الحرام فى موسم هذا العام ١٣٨١ مائتين وستة عشر ألفاً واربعمائة وخمسة وخمسين حاجا، منهم إثنان وتسعون الفاً وتسعمائة وثلاثة واربعون حاجا وفدوا عن طريق البحر وتسعة وستون الفاً وأثنان وثلاثون حاجا وصلوا عن طريق البر، واربعة وخمسون الفاً واربعمائة وثمانون حاجا عن طريق الجو. وفيما يلى إحصاء بالمجموع الكلى لكل جنس منهم حسبما اعلنته الجهات الرسمية:

الاجناس	العدد	الاجناس	العدد	الاجناس	العدد
اليمن	٤٦١٢٤	باكستان	١٨٩٦٦	زنجبار	١٨
ايران	١١٣٧٥	هندوستان	٢٠٠٣٦	كينيا	٢٣
تركيا	١١٨١٥	سيلان	١٠٦	الكونغو	٩
العراق	١١٣٧٩	اندونيسيا	٧٩٤١	مسلمو البرتغال	١٥
سوريا	٤٨٤٠	ملايا	٥٥٥٠	مسلمو بريطانيا	١
لبنان	٢١٢٣	سيام	٢٠٠٧	مسلمو امريكا	١٢
فلسطين	٥٢٩٣	الفلبين	١٤٣	جمهورية كديفور	١٢٧
كبتاون	١٥١	الهند الصينية	١٧	ليبريا	١٧
بخارى	٨٤	ليبيا	٥٥٠٧	مسلمو اليونان	١
افغانستان	٢:٧٩	مورس	٢٠	مسلمو كندا	٢
الاردن	٤٩٨٤	سير اليون	٨٠	مسلمو المانيا	٢
تونس	٩٣٧	قبرص	٣٩	مسلمو يوغسلافيا	٧٦
الجزائر	٥٤٩	غانا	٣٥٦	التبت	١٧٣
المغرب	٢٧٣٠	غينيا	١١٤٥	مسلمو مدغشقر	١
حضرموت	٢٩٨٧	مالى	٧١٨	الكويت	٧٣٩٤
عدن	١٧٨	تشاد	١٠٩		
الصين الوطنية	٤٢	فولتا العليا	١٠٣	قطر	٢٦٠٠
نيجيريا	٣٤١٦	الكاميرون	١٠١	عمان، ومسقط	٧٣٢
شنقيط	١٩١	النيجر	١٩٤	الشارقة	٥١٠
الصومال	١٠٨٦	تنجنيقا	٣١	دبى	٢٢٣
الحبشة	٧٥٤	جامبويا	٩٨	بحيرى	٦٥
مصر	١٠٧٧٤	جمهورية توجو	٣٩	رأس الخيمه	١٣٣
السودان	٧٢٣٣	جمهورية داهومي	٧٨	مهرة	١٧٠
سواحل	١٧٢	شيعة الهند	٤٥١	عجمان	٤١٩
السنغال	١٩٥٢	شيعة الباكستان	٥٠٩	ابى دبى	٣

إحصاء حجاج بيت الله الحرام

حملة الشيخ علي ١٩٦٧:

الشيخ حسن بن محمد بن علي آل ثاني

يذكر لي حفيده الشيخ حسن بن محمد بن علي آل ثاني، أنه حج في هذا العام مع حملة جده الشيخ علي بصحبة والده الشيخ محمد ووالدته الشيخة موزة بنت حسن بن عبد الله وكان عمره ست سنوات تقريبًا، وكانت معهم جدته الشيخة حمدة، وعمه فهد بن علي وعمه خليفة بن علي، وجمع من الأهل والأقارب، وكان بصحبتهم الدكتور عمر حشيشو وهو الطبيب الشخصي للشيخ على والدكتور فؤاد الجويني وهو طبيب أيضًا كان ملازمًا للشيخ أحمد بن علي.

ومما يذكره الشيخ حسن، أن الحملة كانت مكونة من سيارات الشيوخ؛ حيث كان الشيخ علي يركب سيارة «كاديلاك»، ويجلس معه أحمد يوسف الجابر ليقرأ له في أثناء الطريق كتب الأدعية، وخلفه تسير سيارة بديلة، تكون جاهزة في حالة تعطل سيارة الشيخ علي، وسيارات الخدم وسيارات المطبخ تتقدمنا، إلى أن وصلنا استراحة الشيخ علي في الكرعانة على طريق «أم باب»، وتحركنا بعد صلاة العصر، ووصلنا سلوى ليلاً ومنها إلى «أم حويض»، ثم الجافورة وهي منطقة تكثر فيها الرمال، وأذكر أن السيارات غرزت فيها، وقام الرجال بحمل السيارة وتخليصنا من الغرز، وكان موقفًا مثيرًا لي، وأذكر أننا أكملنا الطريق إلى الحسا، وفي الحسا أرسل الشيخ علي أحد خاصته للسلام على الأمير سعود بن عبد الله بن جلوي[1]، وينقل إليه سلام الشيخ علي، ونيته المسير إلى الأماكن المقدسة، وكان بن جلوي مريضًا، ففي هذا العام توفي الأمير سعود بن جلوي وأرسل الشيخ عبد الله بن زيد آل محمود من الدوحة ببرقية عزاء للشيخ علي بن عبد الله آل ثاني في الأمير سعود بن جلوي.

---

(١) هو سعود بن عبد الله بن جلوي آل سعود، ولد سنة ١٣١٩هـ في الرياض، تولى إمارة الأحساء والقطيف في آن واحد، والتي أصبحت فيما بعد تسمى بالمنطقة الشرقية بعد وفاة أبيه سنة ١٣٥٤هـ، توفى يوم السبت السادس من ذي الحجة سنة ١٣٨٦هـ في مدينة الدمام ودفن بها.

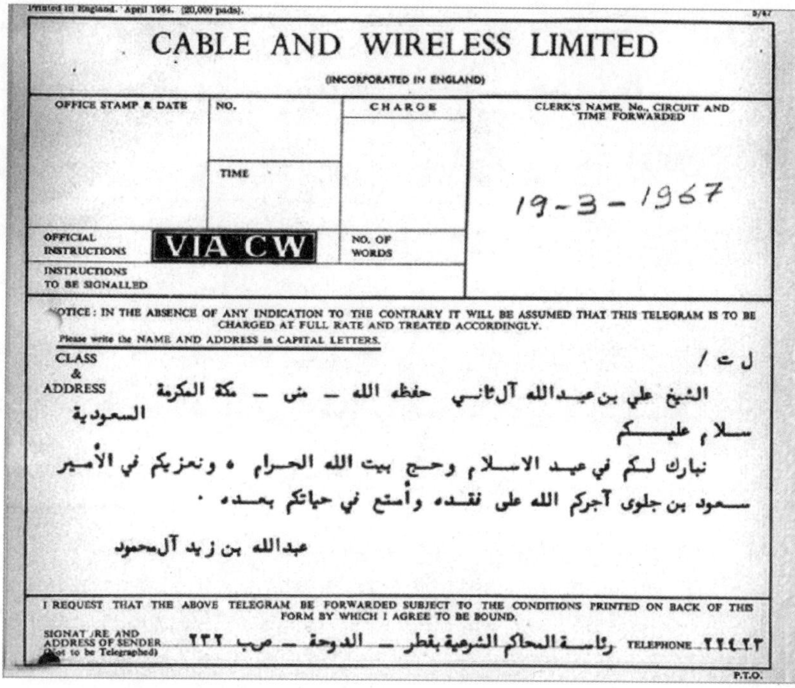

Printed in England. April 1964. (20,000 pads). 5/47

CABLE AND WIRELESS LIMITED

(INCORPORATED IN ENGLAND)

OFFICE STAMP & DATE	NO.	CHARGE	CLERK'S NAME, No., CIRCUIT AND TIME FORWARDED
	TIME		19-3-1967
OFFICIAL INSTRUCTIONS	VIA CW	NO. OF WORDS	
INSTRUCTIONS TO BE SIGNALLED			

NOTICE: IN THE ABSENCE OF ANY INDICATION TO THE CONTRARY IT WILL BE ASSUMED THAT THIS TELEGRAM IS TO BE CHARGED AT FULL RATE AND TREATED ACCORDINGLY.

Please write the NAME AND ADDRESS in CAPITAL LETTERS.

CLASS & ADDRESS

ل ت /

الشيخ علي بن عبدالله آل ثاني حفظه الله – منى – مكة المكرمة السعودية

سلام عليكم

نبارك لكم في عيد الاسلام وحج بيت الله الحرام . ونعزيكم في الأمير سعود بن جلوى آجركم الله على فقده وأمتع في حياتكم بعده .

عبدالله بن زيد آل محمود

I REQUEST THAT THE ABOVE TELEGRAM BE FORWARDED SUBJECT TO THE CONDITIONS PRINTED ON BACK OF THIS FORM BY WHICH I AGREE TO BE BOUND.

SIGNATURE AND ADDRESS OF SENDER (Not to be Telegraphed) رئاسة المحاكم الشرعية بقطر – الدوحة – ص ب ٢٣٢ TELEPHONE ٢٢٤٢٣

P.T.O.

برقية عزاء

وذهبنا من الحسا إلى المدينة، وأذكر أننا كنا نداوم على الصلاة في الحرم النبوي جميع الصلوات وكانت صلاتنا في الروضة الشريفة، كما قمنا بزيارة (مسجد قباء)، وزرنا البقيع، ولقد تركت تلك الزيارات في نفسي معاني لا تمحى من الذاكرة.

وبعد عدة أيام قضيناها في المدينة، توجهنا صوب مكة بالسيارات، أحرمنا من مكان يسمى «أبيار علي» أو «آبار علي» ولقد طلبت المساعدة في لُبس الإزار والرِّداء، ومازلت أذكر مشاعر الخجل التي انتابتني عندما ساعدتني إحدى البنات المرافقات لأمي، في تعديل ملابسي، فلقد كانت أكبر مني، ولكنها عاملتني كأخ صغير لها عمره دون السبع سنوات، فعندما ارتديت ثياب الإحرام كثيرًا ما كان الإزار ينفلت من تحت الحزام.

وعندما وصلنا مكة طفنا، وسعينا، كان جدي الشيخ علي يسعى وهو يركب في سيارة بيضاء، ونحن بجواره نطوف ونسعى على أقدامنا، كنا نطوف بين البيوت والحرم كله حصى صغير، وحول مقام إبراهيم بينما كان المنبر الكبير من الرخام، وأخبرتني أمي أنها في حجتها السابقة وربما كانت في عام ١٩٥٩م، شاهدت الناس وهم يسعون بين الباعة والمشترين، والمتجولين، ومنهم

من يركب الحمير، أو يجر عربة، وبعض السيارات تصل إلى ساحة المسجد الحرام. وكانت أمي تستر وجهها حال الطواف، وقالت إنها لا تقدر أن تكشف وجهها، وقامت بالفدية فيما بعد.

ونحن في السعي كانوا يلقنوننا ونردد خلفهم، ثم ندعو ونكبر وهكذا. بينما كان الباعة يلاحقوننا ويجذبوننا من أيدينا يعرضون بضائعهم، وصلينا خلف مقام إبراهيم، وكانت أمي حريصة على أن نشرب من ماء زمزم بعد الطواف، بعد ذلك نزلنا « الزاهر» وهو قصر فخم من قصور الخمسينيات، وعمارته العربية جعلته من المعالم المميزة، وكانت حوله أرض فضاء، تكثر فيها النباتات البرية، وكانت أمي ترسل من يجمع لها بعض الأعشاب كالسنامكي وغيرها، وللأسف هذا القصر تهدم الآن وتغيرت معالم المنطقة».

وفي «منى» نزلنا في بيت من أربعة طوابق، وكان البيت به مجلس مفروش بزولية[1] صفراء اللون تغطي جميع مساحة المجلس، ومازلت أذكر المكتبة التي كانت مكدسة بالكتب التي كان يطبعها جده على نفقته، يصطحبها معه من الدوحة، ليوزعها على مريديه من العلماء وطلاب العلم، فقد كان الناس يأتون للسلام عليه من مختلف البعثات الإسلامية، ويتحول مجلسه إلى منتدى لكبار الشخصيات من كافة البلدان.

وأذكر أن جدتي الشيخة حمدة بنت ثاني بن جاسم كانت تنزل في شقة والعم خليفة بن علي في شقة والوالد والوالدة وأنا معهم في شقة. وكان المشهد المسيطر على ذاكرتي هو منظر الازدحام والعزائم والناس ومجلس جدي، وموائد الطعام، والأضواء المبهرة.

وفي عرفات كان المشهد مهيبًا، مئات الآلاف من الخيام البيضاء، وأناس لا عدد لهم ينتشرون بلباسهم الأبيض تحتها ومن حولها، وحركة دائمة، وأيادي ترتفع إلى السماء في تضرع دائم وأفواه تتمتم بلا انقطاع، ولا أذكر باقي المناسك، ومن الطرائف التي أذكرها عندما أعطاني الشيخ علي العدية، سألتني أختي ماذا تشتري بها قلت لها سأشتري تيسًا، وفعلا اشتريت تيسًا أحمر بنقط بيضاء.

وتوالت مرات الحج والعمرة، وتغيرت أشياء كثيرة، ولكن حجي الأول ظل في ذاكرتي محفورًا.

---

(١) الزولية كلمة إيرانية وهي تعني السجاد أو البساط.

عودة الحجيج:

حتى أواخر القرن التاسع عشر، وحسب رواية لوريمر فإن القوافل كانت تسير عبر طريق آبار، حيث تسلك اتجاهًا دائريًّا لتجنب عبور صحراء الجافورة، ولذا فهي تمر بحمرور، وبعيج، وكلاهما في بر القارة، ولكن الطريق العادي يمر في منعاية والبحث في الجافورة، وتبلغ المسافة من الهفوف إلى منعاية حوالي ٣٥ ميلاً وإلى البحث ٤٥ ميلاً وإلى بعيج ٦٥ ميلاً أو ٣٥ ميلاً إلى الغياثين و٥٥ ميلاً إلى بعيج، وتصل القافلة إلى دوحة سلوى بعد البعيج بحوالي ١٠ أميال وهناك تبدأ أراضي منطقة قطر(١).

وبالتالي فإن الطريق من الهفوف في الأحساء إلى الدوحة في قطر كان يستغرق خمس مراحل بادئة من آبار «بعيج» في الأحساء وتمر على آبار العريق الجنوبي فالكرعانة فالمكينس والسيلية إلى الدوحة وذلك على أبعاد ٢٠ ، ١٢، ١٥، ٦ ، ١٤ ميلاً على التوالي أي أن المسافة الكلية هي ٦٧ ميلاً(٢).

كانت مظاهر استقبال الحجاج في الماضي تُعرب عن الفرحة بإتمام هذا النسك والشكر لله على سلامة العودة بعد أداء هذه الفريضة، فكان الأهالي يرفعون الأعلام في بيوتهم والتي تسمى «النشور» ليعلموا الناس بأن هذا البيت صاحبه في الحج، ومن ثم يتوقعون وصوله للسلام عليه وتهنئته بالعودة سالـمًا، فإذا اقتربت القافلة وعرف أهل الحجيج قدومهم قاموا بذبح الذبائح ابتهاجًا بعودتهم كما تقام الولائم احتفاءً بهذه المناسبة في بيت كبير حملة الحج، حيث كانت العادة أن يرجع جميع من كان في الحملة إلى بيت كبير الحجيج ليتناولوا العشاء، وبعد ذلك يتفرق كل واحد منهم ليذهب إلى بيته ليستقبله المهنئون، ويقوم بتوزيع الهدايا التذكارية عليهم، وعادة تكون مسابح (أهمها الفسفورية) التي تضيء في الظلام ، أو سواكًا أو سجاجيد صلاة، وقحافي (طواقي)، ملونة للأطفال وبيضاء للكبار، أو كتبًا كانوا يجلبونها معهم سنويًّا، لتعم الفرحة كافة البيوت لفترة من أيام السنة....

---

(١) دليل الخليج: ج. ج. لوريمر، القسم الجغرافي، طبعة جديدة، الدوحة، ج ٢، ص ٨٥٤.

(٢) دليل الخليج: ج. ج. لوريمر، القسم الجغرافي، طبعة جديدة، الدوحة، ج ٦، ص٩٩١١.

وينظر للعائد من الحج كمن كتب له عمر جديد، ويبدأ سلوكًا جديدًا ملتزمًا بعباداته حريصًا عليها، ويكون ذا مخزون من الذكريات، طالما استدعاها في جلساته مع أترابه، وكثيرًا ما يقدم النصائح لمن عقد العزم على الحج.

أحد بيوت المقيمين الآسويين وقد رفعت أعلاها الاعلام

ويتذكر الدكتور خالد الملا[1] هذا المشهد، فيقول: الأطفال هم الأكثر سعادة بعودة الحجاج، فقد كنا ننتظر قدومهم مع بهجة عيد الأضحى، وانتهاء احتفالاتنا «بالحِيَّة بية»[2] يعني قرب قدومهم، ونعرف بيوتهم بالنشر (الأعلام) التي كانت ترفرف عالية على قمة منازلهم، ونذهب إليهم للسلام، ويكون من نصيبنا هدايا الحج وصورة الكعبة المشرفة ونشرب من مياه زمزم، وتسود حالة من البهجة بيننا، أما الأخوة المقيمون من مسلمي آسيا فقد كانوا يزينون البيت كله باللون الأخضر والورود ويرسمون الهلالات والنجوم، ويتجمع الناس للسلام وتناول الطعام وتعم البهجة في كل البيوت.

دكتور خالد الملا

(١) الدكتور خالد الملا شغل مناصب عدة في مجال الثقافة والرياضة وآخرها مدير مركز قطر للتراث والهوية.

(٢) الحية بية: عبارة عن وعاء قد يكون علب أطعمة أو الفواكه المحفوظة أو سلال الخوص الصغيرة، يُخرم من الأسفل ومن الجانبين، ويوضع فيها التراب و المخصبات الطبيعية وتُزرع ببعض أنواع الحبوب كالرشـاد أو الشعير، ثم تعلق بحبل على عمود مسـتعرض في المنزل في مكان معرض للهواء الطلق، و تصله الشـمس بشكل مباشر، و يكون ذلك في بداية شـهر ذي الحجة. ويتنافس الأطفال على العناية بهذه النبتة و سقايتها كل يوم صباحاً ومساء حـتى تظهر فيها النباتات وترتفع، و يتفاخرون فيما بينهم بنمو حياتهم، و في اليوم التاسـع من ذي الحجة (يوم الوقفة) يتجمع الأطفال لإلقاء الحية في البحر، و ذلك بعد أن يقوموا بإطعامها الأرز أو أي شيء آخر. حيث يقف الأطفال على السيف و يشـدون بأغنية الحية و يطلب فيها الطفل أن تكون حيته شاهدة له وألا تدعُو عليه وهذا معنى «لا دَّعين علي»، لأنه قام بتغذيتها «غديتج، وعشـيتك»، ثم يذكر لحيته بأنه مع رعايته لها إلا أنه سيرميها في البحر وهو ما تعنيه كلمة «قطيتج».

حية بية يا حيتي. يا بيتي. على درب الحنينية.

يا حيتي حيي بي. بيت مكة دقي بي.

اشربي من ماي زمزم. وادعي لديارنا تسلم.

حية بية. راحت حية. ويات حية. على درب الحنينية.

ايش تاكلون لحم الطيور ايش تشربون نقطة عسل .....إلخ.

انظر: خليفة السيد المالكي: الألعاب والأهازيج الشعبية، الدوحة، ٢٠١١، ص ١٨٤.

هدايا الحج

كان حجاج قطر كغيرهم يشترون من مكة الهدايا التذكارية، كالصور والسبح وسجاجيد الصلاة والمصاحف (مصحف الجيب)، وبعض احتياجاتهم من الحلوى والتوابل والبن والبخور والملابس والذهب والعطور والقماش وغير ذلك من مؤن لا تتوفر عادة في الأسواق المحلية، فيشترون لمحبيهم من الأهل والأصدقاء وللصغار نصيبًا منها، وكانت الهدايا المعروضة للشراء في ذلك الزمن محدودة؛ فلا مجال للاختيار وتنحصر تلك الهدايا في «القريض» وهو حب الحمص الصغير المجفف، و«حلاوة مكة» وهي قطع حمراء بطعم السكر تصنع في قالب كبير ثم تكسر إلى قطع على قدر كف اليد أو أصغر، وكان لها مذاق خاص وطعم حلو رائع، وارتبطت هذه الحلوى بـ«مكة» فعند النظر إليها تعرف أنّها جلبت مع الحجيج أو المعتمرين، كما أنّ من الهدايا «الزمارة» وهي آلة صغيرة عند النفخ فيها بالفم تصدر صوتًا جميلًا يفرح بها الصغار ويلهون بها، وقد ضرب بها المثل حيث يقال «زمّر ولدك» لمن وصى صاحبه بشيء ودفع له القيمة مقدمًا ليحضره.

وذكر لي الفنان يوسف أحمد أنه في أثناء الحج (١٩٧٠م)، كان منشغلًا بشراء ألوان (بوية)، وفرش، لزوم الرسم، وكراريس تعليم الخط العربي، وظل يبحث عنها حتى وجدها وكانت فرحته كبيرة بالحصول عليها، وعاد بها ليبدأ مشروعه الفني الذي تبلور فيما بعد.

وعمومًا فإن مكة كانت تتحول في موسم الحج إلى سوق متنوع السلع، وكل يشتري ما يحتاج إليه، ولقد أكد عدد من العلماء أن التجارة في الحج ليست من الأمور المحرمة، وذلك يرجع لقوله تعالى: ﴿ لِّيَشۡهَدُواْ مَنَٰفِعَ لَهُمۡ ﴾، وذهب معظم العلماء إلى أن المقصود بالمنافع هنا التجارة، أما فيما يتعلق بالحصول على ثواب أداء هذه الفريضة إذا كان مسافرًا إلى مكة بهدف التجارة، فهذا أمر يرجع إلى النية في المقام الأول، وذلك لقول النبي ﷺ: «إنما الأعمال بالنيات وإنما لكل امرئ ما نوى». [رواه البخاري ومسلم في صحيحيهما]

فإن كانت النية أداء الحج مع التجارة بمكة فإن الله سوف يجازيه على أداء الفريضة ما دامت أن نية الحج احتلت المكانة الأولى لديه، أما إذا كان مسافرًا بهدف التجارة في الحج للتربح من وراء ذلك، وأن نية التجارة مقدمة على نية الحج فهذا الأمر متروك إلى الله إن شاء جازاه وأعطاه أجره، وإن شاء منع عنه ذلك، لذا يجب على الجميع أن يعلم أن النية شرط أساسي في الحج، ولابد من توافرها لصحة أداء هذه الفريضة.

من معرض الحج - الفن في رحاب الرحلة - هيئة متاحف قطر أكتوبر ٢٠١٣

من معرض الحج - الفن في رحاب الرحلة - هيئة متاحف قطر - أكتوبر ٢٠١٣

المصادر والمراجع

١- باشا، أيوب صبري: مرآة جزيرة العرب، دار الآفاق العربية - القاهرة، ط١.

٢- البتنوني، محمد لبيب: الرحلة الحجازية، القاهرة، مكتبة الثقافة الدينية، ١٤١٥هـ/ ١٩٩٥م.

٣- الجويني، فؤاد: نهضة قطر الصحية، الإسكندرية، ط٢، ٢٠١٠م.

٤- الخليفي، يوسف بن عبد الرحمن: التحفة البهية في الآداب والعادات القطرية، ط٢، الدوحة، ١٩٨٦م.

٥- الدروبي، محمد محمود: الأمير الراشد الشيخ علي بن عبد الله آل ثاني، (الدوحة: مركز شباب برزان، ٢٠٠٨م)

٦- الربيعة، سعد بن أحمد، رحلة الحج إلى البلد الحرام، الدار العربية للموسوعات - بيروت، ٢٠١١م

٧- الشيباني، محمد شريف: إمارة قطر العربية بين الأمس واليوم، دار الثقافة - بيروت - ١٩٦٢م.

٨- الشقير، عبد الرحمن بن عبد الله: قطر في مذكرات ابن مانع، د.ن، د.ت.

٩- العسَّاف، أحمد بن عبد المحسن (مقال نشر في مجلة البيان عدد شهر ذي الحجة عام ١٤٣١هـ) - الرِّياض.

١٠- العسكري، عبد الوهاب: إمارة قطر، مطبعة التلغراف، بغداد، د. ت.

١١- الفار، درويش مصطفى: قطرات مداد، مطابع الدوحة الحديثة، الدوحة، ١٩٨٥م.

١٢- آل ثاني، خالد بن محمد بن غانم بن علي، الحلي الداني في سيرة الشيخ علي آل ثاني: حاكم قطر السابق، الدوحة.

١٣- المالكي، خليفة السيد: الألعاب والأهازيج الشعبية، الدوحة، ٢٠١١م.

١٤- المختار، عمر تهاني: صفحات مضيئة من حياة الوجيه الشيخ قاسم بن درويش فخرو، (الدوحة: مركز شباب برزان، ٢٠١٣م).

١٥- المكى، محمد طاهر الكردي: التاريخ القويم لمكة وبيت الله الكريم، تحقيق، عبد الملك بن عبد الله بن دهيش، دار خضر للطباعة والنشر - بيروت، ٢٠٠٠م.

١٦- أمين الريحاني: ملوك العرب. رحلة في البلاد العربية، دار الجيل - بيروت، الطبعة الثامنة - ١٩٨٧م.

١٧- حمزة، فؤاد: البلاد العربية السعودية. مكتبة النصر الحديثة، الطبعة الثانية، الرياض، ١٣٨٨هـ/ ١٩٦٨م.

١٨- رفعت، إبراهيم: مرآة الحرمين أو الرحلات الحجازية والحج ومشاعره الدينية، طبعة أوفست، د.ت.

١٩- عبيدان، يوسف: رحلة الحج في الماضي، مجلة الجسرة، العدد ١٨ (يناير ٢٠٠٧م) نادي الجسرة الثقافي والإجتماعي، الدوحة، ص ٧٤و٧٥.

٢٠- لوريمر، ج.ج.، دليل الخليج، القسم الجغرافي، طبعة جديدة، ج٥، ص ١٦٣٧و١٦٣٨م.

٢١- مختار، عمر تهاني ناجي: علامة قطر الشيخ عبد الله بن إبراهيم الأنصاري، (مركز شباب برزان - الدوحة)، ٢٠٠٦م.

٢٢- رفعت، إبراهيم باشا: مرآة الحرمين أو الرحلات الحجازية والحج ومشاعره الدينية. طبعة أوفست. دون ت. م.

٢٣- صادق، محمد باشا: دليل الحج للوارد إلى مكة والمدينة من كل فج. الطبعة الأولى، القاهرة، ١٣١٣هـ.

٢٤- فكري، محمد همام: الرحلات الحجازية ، بدر للنشر ، بيروت ، ١٩٩٩م.

صدر للمؤلف

١- يا شجرة التوت (مجموعة قصصية)، (الدوحة: مطابع قطر الوطنية، ١٩٩٩م).

٢- الخروج من الهامش (مجموعة قصصية)، (الدوحة: مطابع مؤسسة الخليج، ١٩٩٣م).

٣- الرحلات الحجازية: (بيروت: بدر للنشر، ١٩٩٩م).

٤- ابن سينا، شيخ الفلاسفة وأمير الأطباء :(الدوحة، مؤسسة قطر للتربية والعلوم وتنمية المجتمع، ٢٠٠٣ م).

٥- جاسم بن محمد بن ثاني، أبحاث الندوة التاريخية المصاحبة لاحتفالات اليوم الوطني لدولة قطر ٢٠٠٨ (تحرير)، (الدوحة: لجنة احتفالات اليوم الوطني، ٢٠٠٨).

٦- مساجد قطر تاريخها وعمارتها، (تحرير)، (الدوحة: لجنة احتفالات اليوم الوطني، ٢٠٠٩م).

٧- أبحاث ندوة التحديث والمحافظة على التقاليد المصاحبة لاحتفالات اليوم الوطني بدولة قطر ٢٠٠٩ (تحرير)، (الدوحة: لجنة احتفالات اليوم الوطني، ٢٠٠٩).

٨- كنوز من التراث العلمي العربي في أوروبا (الدوحة: مكتبة التراث العربي، ٢٠٠٩).

٩- أبحاث منتدى ذكريات الغوص المصاحبة لاحتفالات اليوم الوطني لدولة قطر ٢٠١٠ (تحرير)، (الدوحة: لجنة احتفالات اليوم الوطني، ٢٠١٠).

١٠- قطر في عناوين الكتب العربية بمكتبات قطر (ببلوجرافيا) (الدوحة: مؤسسة قطر للتربية والعلوم، ٢٠١١).

١١- أبحاث منتدى النشء القطري بين تحديات العولمة والحفاظ على الهوية، المصاحبة لاحتفالات اليوم الوطني لدولة قطر ٢٠١١ (تحرير)، (الدوحة: لجنة احتفالات اليوم الوطني، ٢٠١١).

١٢- أوائل ترجمات معـاني القرآن الكريم في اللغات الأوروبيـة (الدوحة: مكتبة التراث العربي، مؤسسة قطر للتربية والعلوم وتنمية المجتمع، ٢٠١١).

١٣- قطر في القلب والتاريخ (الدوحة: مؤسسة قطر للتربية والعلوم، ٢٠١١).

١٤- مكتبة قطر الوطنية - ٥٠ عامًا وما بعد، مؤسسـة قطر للنشر، دار بلومزبري الدوحة، ٢٠١٢م.

١٥- القلاع والحصون والأبراج، كتارا، (تحرير) الدوحة، ٢٠١٣.

١٦- قطر وتراثها البحري: كتارا (تحرير) الدوحة، ٢٠١٤.

١٧- إعلانات السبعينيات في قطر: مؤسسة قطر للنشر، دار بلومزبري الدوحة، تحت النشر.

١٨- موسـوعة النفائس: مختارات من مجموعة حمد بن عبد الله بن جاسم آل ثاني، (تنسيق عام)، الدوحة، ٢٠١٧.

١٩- معادن وأحجار كريمة (مجموعة مختارة): (تحرير)، كتارا، الدوحة، ٢٠١٨.

٢٠- سيرة بطل الشـيخ علي بن جاسـم آل ثاني (جوعان)، تأليف عبد العزيز عبد الغني، محمد همام فكري ، أكاديمية جوعان العسكرية، الدوحة، ٢٠١٩.